COMME UN CHIEN

DISTRIBUTEURS EXCLUSIFS:

• Pour le Canada
et les États-Unis:
MESSAGERIES ADP*
955, rue Amherst
Montréal, Québec
H2L 3K4
Tél.: (514) 523-1182
Télécopieur: (514) 939-0406
* Filiale de Sogides ltée

• Pour la France et les autres pays:
VIVENDI UNIVERSAL PUBLISHING SERVICES
Immeuble Paryseine, 3, Allée de la Seine
94854 Ivry Cedex
Tél.: 01 49 59 11 89/91
Télécopieur: 01 49 59 11 96
Commandes: Tél.: 02 38 32 71 00
Télécopieur: 02 38 32 71 28

• Pour la Suisse:
VIVENDI UNIVERSAL PUBLISHING SERVICES SUISSE
Case postale 69 - 1701 Fribourg - Suisse
Tél.: (41-26) 460-80-60
Télécopieur: (41-26) 460-80-68
Internet: www.havas.ch
Email: office@havas.ch
DISTRIBUTION: OLF SA
Z.I. 3, Corminbœuf
Case postale 1061
CH-1701 FRIBOURG
Commandes: Tél.: (41-26) 467-53-33
Télécopieur: (41-26) 467-54-66

• Pour la Belgique et le Luxembourg:
VIVENDI UNIVERSAL PUBLISHING SERVICES BENELUX
Boulevard de l'Europe 117
B-1301 Wavre
Tél.: (010) 42-03-20
Télécopieur: (010) 41-20-24
http://www.vups.be
Email: info@vups.be

Pour en savoir davantage sur nos publications,
visitez notre site: **www.edjour.com**
Autres sites à visiter: www.edhomme.com • www.edtypo.com
www.edvlb.com • www.edhexagone.com • www.edutilis.com

Gouvernement du Québec – Programme de crédit d'impôt
pour l'édition de livres – Gestion SODEC.

L'Éditeur bénéficie du soutien de la Société de
développement des entreprises culturelles du Québec
pour son programme d'édition.

Nous reconnaissons l'aide financière du gouvernement du
Canada par l'entremise du Programme d'aide au
développement de l'industrie de l'édition (PADIÉ) pour
nos activités d'édition.

Dépôt légal: 3e trimestre 2002
Bibliothèque nationale du Québec

ISBN 2-8904-4721-9

Jean Lessard

COMME UN CHIEN

Propos et réflexions sur le chien,
l'humain et le lien qui les unit

« *Des enfants qui jouent avec un chien, sur une plage, un matin d'été : n'allons pas plus loin, voilà le monde justifié. Comme les enfants, comme les primitifs, comme le peuple, les animaux ne prétendent pas. De là qu'on ne peut leur en vouloir de rien. De là qu'on n'a jamais à les mépriser. Immense repos. Enfin, plus souvent que l'homme, ils sont nobles.* »

HENRY MILLON DE MONTHERLANT

Service inutile

Préface

Ouvrir le livre *Comme un chien*, c'est abandonner pour un instant — un court instant, rassurez-vous — l'idée de notre excellence d'humain. Pour un moment, laissons-nous apprivoiser par le chien et devenons l'élève de ce pédagogue qui nous expliquera qu'il a ses motivations, ses compétences, ses capacités et qu'il faut les respecter. Il nous dit qu'à force de le plier à nos fantaisies et à nos caprices, il finirait par perdre sa nature de chien. Il exige le respect.

Feuilleter *Comme un chien*, c'est s'amuser comme lui. Car s'il n'y a pas d'amusement, il n'y a pas d'instruction. Il demande la joie.

Lire *Comme un chien*, c'est se laisser guider par sa sensibilité, sa tête et son cœur, plus que par son autorité. Il demande la générosité.

Mettez-vous dans la peau d'un chien ne fut-ce qu'un instant ! Avec sa bonne ou sa mauvaise humeur, pourquoi pas ? Un moment de conscience, un moment de lucidité. Ne fut-ce qu'un instant. Mais pas plus. Redevenez vite un humain. Et, en tant qu'humain, puisez comme Jean Lessard aux sources de la sagesse millénaire du taï chi. Un esprit éveillé, un cœur paisible, un corps détendu seront les trois qualités de base pour communiquer avec un chien et devenir un instructeur compétent. Le reste est affaire de technique.

Avec beaucoup d'à-propos, Jean Lessard s'adresse aux humains. Il est vrai que ce n'est pas le chien qui lit les livres. Alors, Jean nous propose de comprendre. De comprendre quoi? Que l'obéissance, par exemple, n'est pas une fin en soi, ce n'est pas un but, c'est un moyen, un outil. Que la fermeté, c'est bien plus la confiance en soi que l'inflexibilité d'une attitude. Ce que nous propose l'auteur donc, c'est de comprendre la nature du chien. Et il prend la peine de nous décrire les facettes de la nature du chien qui l'intéressent lui dans sa démarche éducative et ré-éducative.

Dans ce livre, Jean Lessard nous offre un trousseau de clés. Ce n'est pas une fin en soi, c'est un outil pour ouvrir les portes qui mènent à une meilleure compréhension et dès lors à une meilleure expression, à une meilleure communication avec le chien, une action plus adéquate et performante dans notre relation avec lui.

JOËL DEHASSE, BRUXELLES,
le 28 février 2002

Avant-propos

En écrivant ce livre, j'ai voulu partager avec vous quelques-unes des réflexions que m'inspire mon travail avec les chiens. Lorsqu'il s'agit d'aborder le vaste sujet qu'est l'obéissance canine, nous ne nous attardons généralement qu'à un seul aspect de la question, le désir que nous avons, nous êtres humains, que l'animal réponde à nos demandes. Nous nous intéressons d'abord aux réactions du chien, à ses aptitudes à obéir, à ses attitudes lorsqu'il est désobéissant ou à ses problèmes de comportement. Rarement abordons-nous nos propres réactions, qu'elles soient liées à nos aptitudes à nous faire obéir du chien, à nos attitudes par rapport à ses actes de désobéissance ou aux solutions que nous utilisons pour résoudre ses problèmes de comportement. Je ne traiterai pas dans le présent ouvrage de la performance en obéissance canine, mais je m'attarderai plutôt à explorer le type de relation que l'être humain établit avec un chien lorsqu'il a l'intention de se faire obéir de lui. La relation, c'est ce qui constitue, selon moi, la base, la matière première de la question. Dans cet esprit, l'obéissance devient un outil et non plus une fin en soi ou un but à atteindre.

Presque partout dans le monde l'entraînement des chiens connaît une petite révolution. Depuis quelques années, les professionnels du milieu ont organisé une multitude de manifestations ayant pour thèmes l'obéissance et le comportement canin : conférences, ateliers, séminaires et symposiums ont lieu dans bon nombre de pays. Avec l'avènement de l'Internet, un approfondissement des connaissances et de nouvelles façons d'envisager le travail avec les chiens se sont propagées à une vitesse inimaginable. Un regain d'intérêt pour tout ce qui concerne les animaux a provoqué des remises en question essentielles à l'évolution de nos rapports, d'abord avec l'animal et plus particulièrement avec le chien. En tentant de mieux comprendre le chien et en nous efforçant de remettre en question nos comportements envers lui, il est probable qu'un changement d'attitude de notre part émergera et modifiera par le fait même notre relation avec celui qu'on considère comme « le meilleur ami de l'homme ».

Comprendre signifie saisir le sens de quelque chose, admettre. C'est voir tout à coup ce qu'on ne voyait pas ou ce qu'on ne pouvait voir parce qu'une perception erronée nous empêchait d'accéder à l'essentiel. Que ces perceptions émanent de préjugés favorables ou défavorables ou qu'elles proviennent de rumeurs ou de fausses croyances importe peu ; les perceptions erronées ne changent pas la réalité, mais au contraire la voilent. Et une réalité voilée, quelle qu'elle soit, nourrit et entretient notre ignorance. Cette même ignorance qui, depuis des siècles, sème la confusion dans nos relations avec les animaux, notamment avec les chiens. Ce qu'on ne connaît pas ou qu'on connaît mal nous dépasse. Cette méconnaissance crée parfois de la méfiance, même de la peur ou de l'impatience, de sorte que nous devenons résistants, guidés surtout par nos émotions. Comment peut-on croire que nous pouvons, dans un état où nous sommes dominés par des émotions souvent inconscientes et aux origines floues, entrer adéquatement en relation avec le sujet qui se trouve devant nous ? Pouvons-nous vraiment devenir pour lui un maître, un guide ? De quels outils disposons-nous pour y parvenir ?

Si parmi ces questions jaillissent naturellement des éléments de réponses, la plupart restent en attente. Mais en attente de quoi ou de qui ? De quelle source les réponses que nous attendons pourront-elles provenir ? D'un livre ? D'un maître en la matière ?

Et si elles se trouvaient plus près de nous… ?

Quand j'ai commencé à travailler auprès des chiens, les approches préconisées en obéissance me laissaient souvent perplexe quant à la qualité des liens qui auraient dû s'établir entre nous, êtres humains, et entre l'espèce canine. J'ai essayé de comprendre, en regardant travailler les autres, ce que telle méthode et telle attitude entraînaient comme conséquences sur la relation entre un chien et son « professeur ». J'ai étudié, j'ai fouillé, j'ai exploré différentes avenues, j'ai expérimenté une multitude de possibilités. Tous les jours, je rencontrais des maîtres et leurs chiens. On me demandait de régler des problèmes précis. Pourquoi celui-ci refusait-il d'obéir ? Pourquoi celui-là avait-il peur de collaborer ?

Bien sûr, mes études, les opinions de certains de mes professeurs ou de mes anciens camarades de classe m'aidaient à mieux saisir la nature de plusieurs problèmes. J'avais accès à toutes les solutions que proposaient les ouvrages théoriques sur le sujet. Mais souvent, lorsqu'on est devant la réalité, lorsqu'on tente d'en savoir davantage sur le passé d'un chien afin de déterminer l'origine de ses comportements indésirables, on est devant l'insaisissable, on rencontre des trous noirs. Par exemple, on ignore tout sur les périodes critiques qu'il a traversées, ou encore, on ne sait rien de ses géniteurs ou de l'environnement dans lequel le sujet est né. Et surtout, on ne sait pas comment les propriétaires de ce chien l'ont élevé et l'ont éduqué dès son plus jeune âge. Devant tant de questions restées sans réponses, je me demandais comment je pouvais être sûr de proposer les solutions adéquates. D'où venait le problème ? Des parents du chiot ? De manques graves pendant les périodes sensibles ? De ses propriétaires actuels ? De manière progressive au cours de ma pratique, mon questionnement sur les techniques éducatives utilisées glissa vers des questions portant sur la manière dont nous les utilisions, et à quelles fins. Les problèmes de comportement auxquels j'ai eu à faire face auront été l'élément déclencheur d'une remise en question de mes propres perceptions. La crainte des chiens à l'approche d'êtres humains, certains de leurs comportements agressifs ou la peur d'être abandonné, notamment, me laissaient songeur. Ces problèmes suscitaient en moi un sentiment étrangement désagréable. J'ai souvent été dérangé par l'attitude d'un chien qu'on disait « à problèmes ». Mais mon travail consistait à m'efforcer de comprendre ce qui se passait et à proposer des solutions visant à améliorer la situation. J'avoue avoir éprouvé fréquemment des doutes quant à l'efficacité réelle de certaines de ces solutions. Intrigué mais hautement stimulé, j'ai persévéré dans la même voie, sans toutefois prendre conscience de ce qui se passait chaque fois qu'un changement survenait. Vous dire que je n'avais pas *la chienne* quand j'arrivais sur le territoire d'un chow-chow qui avait la réputation d'être agressif et mordeur serait mentir. Mais entendre la propriétaire me dire qu'elle ne comprenait pas pourquoi son chien ne m'avait pas attaqué, pourquoi il n'avait même pas aboyé à mon approche, me rassurait énormément.

Petit à petit, je me suis rendu compte que je n'arrivais pas devant ces chiens avec l'intention de les changer; j'allais plutôt à leur rencontre pour les voir et les regarder, pour tenter de les comprendre. Et je crois, ou du moins je veux bien le croire aujourd'hui, que certaines de ces bêtes saisissaient mon intention.

Une attitude juste qui serait doublée d'une curiosité respectueuse serait-elle donc la clé d'une bonne relation? J'ai été amené par un ami, Georges-Henri Arenstein, psychologue pour humains, à jeter un coup d'œil du côté de la zoothérapie. Les expériences dont j'ai été témoin ont été, et sont toujours, une source d'apprentissage d'une richesse inouïe quand il s'agit d'étudier le lien qui nous unit aux animaux.

J'ai regardé ailleurs aussi, m'intéressant à ce que certains spécialistes avaient à dire sur notre histoire avec les animaux et sur ce qui nous relie à eux, de l'apprivoisement à la domestication, jusqu'à leur entraînement. C'est un champ d'exploration où plusieurs écoles de pensées s'affrontent et passent d'un extrême à l'autre: de l'inhibition stricte des comportements par punitions physiques sévères jusqu'à la télépathie qui demande au chien son avis… Untel affirme ceci, l'autre dit le contraire, le propriétaire essaie un peu de tout et le chien finit par se retrouver tout aussi confus que l'est son maître.

Rassurez-vous, pour les praticiens aussi, ces discours contradictoires sont souvent déconcertants. J'en suis venu à me demander ce que je faisais dans cette galère. Ne serais-je pas mieux de me retirer, de m'éloigner de mon métier en gardant ma passion des chiens pour moi tout seul, pour mon propre plaisir, quitte à me trouver un travail plus reposant, plus sécurisant aussi. J'avais l'impression de ne plus rien savoir, de m'égarer complètement. De plus, la guerre de clochers qui existe là comme ailleurs entre intervenants du même milieu commençait à me peser lourd. On trouve des dresseurs, des éducateurs canins, des maîtres-chiens, des éthologues, des vétérinaires-comportementalistes, des spécialistes en comportement canin, des béhavioristes et même des psychologues canins ! Évidemment, au milieu de toute cette faune, chacun détient *la* vérité ! Pour être plus juste, disons que chacun défend *sa* vérité.

Heureusement, aujourd'hui, plusieurs événements, activités ou groupes de discussions nous permettent d'échanger des idées entre nous et de constater de façon progressive la place qui revient à chacun et ce que nous sommes en mesure de nous apporter les uns les autres, ce qui nous permet d'enrichir toutes les pratiques.

Curieusement, c'est à ce moment même où je pensais faire mon deuil du métier que j'ai reçu des demandes pour rédiger des chroniques dans les magazines, à la radio et à la télévision, pour prononcer des conférences dans les universités et les collèges et, enfin, pour travailler dans un hôpital vétérinaire !

Chapitre premier

. . . .

Entre le chien et nous :
motivations et réflexions

Si, comme l'affirmait Hippocrate[1], le remède est dans la cause, c'est en découvrant précisément la source d'un problème qu'on devrait pouvoir établir le traitement adéquat. Or, il semble qu'une très grande partie de ce que l'on appelle les problèmes de comportement qui affectent l'espèce canine trouvent leur origine dans d'autres problèmes, plus précisément dans une

---

1. Médecin grec (v. 460 - 377 av. J.-C.). Le plus grand médecin de l'Antiquité ; son éthique est à l'origine du serment que prêtent les médecins *(serment d'Hippocrate)*.

communication déficiente et une compréhension trop sommaire de l'homme par rapport au langage et au fonctionnement du chien. Il arrive qu'on s'étonne de certains comportements, tel l'agressivité de combat, que l'on considère souvent comme anormaux et imprévisibles. Ces traits de caractère proviennent pourtant de la sélection des qualités et des défauts des géniteurs et d'entraînements spécialisés effectués par l'homme depuis nombre d'années. Or, parce qu'on considère les morsures comme inacceptables, dès qu'un chien a le malheur de se montrer tel que l'a voulu son maître, il se retrouve condamné à l'euthanasie, victime de celui-là même qui a encouragé son agressivité. Pourquoi suis-je porté à penser que la volonté de changer une espèce dans le seul but de répondre aux intérêts d'une autre espèce se définissant comme supérieure est un manque de respect…?

Nous savons que la communication entre deux individus est d'autant plus difficile que l'incompréhension est grande. Imaginez ce qui se passe entre deux espèces différentes qui n'utilisent pas les mêmes signes pour communiquer. En observant attentivement les comportements et les modes de communication des fourmis, des baleines ou des fauves, l'homme a pu étudier et comprendre les nombreux mécanismes relatifs à leur fonctionnement. Cependant, jamais il n'a pensé à changer ce fonctionnement. Il a également observé les singes, les gorilles et d'autres primates afin de trouver une réponse à ses propres origines, et il continue de le faire. À partir de principes qui ont prévalu dans l'Antiquité, en majorité prônés par les Grecs, les Romains et les Égyptiens, qui ont souvent élevé l'animal au rang de dieux, nous sommes descendus jusqu'aux obscurs et douteux concepts de Descartes[2] concernant les animaux.

Et nous les avons approfondis, principalement afin de mieux nous distinguer. Ainsi, nous aurons réussi à dresser une barrière qui nous est longtemps apparue comme infranchissable : la barrière de la nature contre la culture. L'homme, en voulant se distinguer de tout ce qui était animal, se sera éloigné de sa propre nature. Heureusement, quelques esprits éveillés ont réfléchi, ont exprimé leur pensée et ont été entendus. Charles Darwin[3], grâce à sa théorie de l'évolution, aura ébranlé un système de croyances qui entretenait l'idée d'une coupure entre l'homme et la nature. En voulant prouver que nous partagions tous la même généalogie, que nous soyons du règne végétal ou animal, la vision darwinienne attaquait notre orgueil et notre ego. Nous nous sentions rabaissés au rang de l'animal. Et, aujourd'hui encore, nous nous remettons lentement et péniblement de cette remise en question de notre supériorité. De nouvelles sciences sont apparues et se sont développées. L'éthologie a rouvert des sentiers, a repris des idées qui nous semblaient éteintes à jamais ; la zoothérapie nous a mis de nouveau en contact avec l'essence même d'une communication simple et bénéfique entre l'homme et l'animal.

Quelques-uns des énoncés que Darwin émettait au cours des années 1850 nous apparaissent aujourd'hui de plus en plus fondés et leur évidence nous est démontrée de nombreuses façons. Il

2. René Descartes (1595-1650), philosophe, mathématicien et physicien français. Sa physique mécaniste et sa théorie de l'animal-machine ont posé les bases de la science moderne. (« Je pense, donc je suis. »)
3. Charles Darwin (1809-1882). À la suite d'innombrables observations sur la variabilité des espèces, il élabora la doctrine évolutionniste appelée depuis lors *darwinisme*, qu'il fit connaître dans son ouvrage majeur : *De l'origine des espèces par voie de sélection naturelle*, 1859.

affirmait déjà qu'au cours de notre évolution morale et spirituelle, nous avons appris à élargir progressivement le champ de notre sollicitude et que le temps était peut-être venu pour nous d'y inclure non seulement les autres races et les autres nations, mais aussi les autres espèces; que ce serait une sympathie étendue au-delà de l'espèce humaine; qu'un comportement humain par rapport aux animaux inférieurs lui semblait être une de nos dernières conquêtes morales. Les recherches et découvertes entreprises pour mieux connaître les animaux sont presque toujours associées à la grande question que se pose l'homme depuis qu'il s'interroge sur ses propres origines, son évolution et son fonctionnement. En effet, notre présence sur terre demeure un mystère. Ceux qui tentent d'apporter des réponses se voient souvent bafoués par leurs contemporains parce que leurs constatations bousculent l'ordre des choses, ébranlant du même coup les croyances en vogue et stimulant une insécurité collective. Ils se voient souvent ridiculisés, rejetés, voire bannis.

D'Anaxagore[4] jusqu'à nos contemporains tels Boris Cyrulnik[5] ou Roger Fouts[6], une multitude de chercheurs et de penseurs ont comparé l'intelligence animale à la nôtre, tentant de trouver une réponse aux fondements de nos origines. Ils se sont interrogés

4. V. 500 - 428 av. J.-C. Il faisait de l'intelligence le principe de tout l'univers.
5. Neuropsychiatre, éthologue. Auteur de nombreux ouvrages sur le comportement humain, dont *L'ensorcellement du monde* (Odile Jacob, 1997), il a aussi dirigé la publication chez Gallimard de *Si les lions pouvaient parler, Essais sur la condition animale* (coll. « Quarto »).
6. Scientifique américain de réputation internationale, il est aujourd'hui professeur de psychologie à la Central Washington University et l'un des plus fervents militants de la défense des animaux. *Next of Kin, What my Conversations With Chimpanzees Have Taught Me About Intelligence, Compassion and Being Human*, 1997, A living planet book.

sur l'existence de l'âme chez l'animal, la présence d'un niveau de conscience, etc. Certains l'ont fait pour faire valoir les bienfaits de la création et de la nature, d'autres l'ont fait dans le but de prouver la supériorité de l'espèce humaine.

Le chien est l'animal qui a établi avec l'homme le lien le plus solide, et ce, depuis 15 000 ans ; pas étonnant qu'une quantité impressionnante d'interprétations erronées à son sujet soient apparues. Tantôt divinisé, tantôt diabolisé, il est devenu ce que nous avons voulu en faire. Comment ne pas être confus aujourd'hui devant ce qu'il est censé être ? Afin de nous donner l'impression de le connaître, nous lui avons prêté et nous lui prêtons encore une multitude de sentiments strictement humains : la jalousie, l'esprit de vengeance, la rancœur… C'est ce qu'on appelle de l'anthropomorphisme.

À ce propos, voici ce qu'écrit Boris Cyrulnik : « Si les humains ont eu une vision anthropomorphique des animaux, c'est bien parce que ces deux groupes se ressemblent. Et les points qu'ils ont en commun sont évidents. Jusqu'à récemment, les humains voyaient l'univers avec leurs idées plutôt qu'avec leurs yeux. Aveuglés par leur hantise de n'être pas l'espèce la plus évoluée, avec tous les droits que cela leur conférait, ils ont, pendant des millénaires, effectué une coupure idéologique entre eux et les animaux[7]. »

Si nous donnons dans l'anthropomorphisme à propos des chiens parce que leur espèce nous ressemble, nous contestons pourtant encore ce miroir lorsque ce qu'il reflète nous ramène un tant soit peu à notre propre animalité. Descartes avait affirmé, à la grande joie des autorités religieuses de son époque, que les animaux

---

7. Entretien avec Boris Cyrulnik tiré du magazine *Psychologies,* juillet-août 1998, n⁰ 166.

DES ANIMAUX
21
ET DES HOMMES

ne pouvaient être pourvus d'une âme, puisque pour avoir une âme, il fallait d'abord être doté de la conscience de soi ; et, toujours selon lui, pour qu'il y ait conscience, il fallait qu'il y ait intelligence relative. Or, il ne faisait aucun doute, tant pour Descartes que pour bien des penseurs et théologiens de l'époque, que les animaux n'étaient pas intelligents. Ainsi démunis, sans âme ni conscience, les animaux ne pouvaient donc ressentir quoi que ce soit. Les chercheurs en concluaient que les réactions de l'espèce canine n'étaient pas « senties », mais qu'elles étaient strictement des réflexes. Les cris des animaux, leurs fuites ou contorsions n'étaient que réflexes dépourvus de sensations ; il ne s'agissait que d'automatismes réglés comme chez les automates ou comme dans n'importe quelle mécanique en mouvement. Heureusement, les recherches en neurologie et même en linguistique nous auront permis de voir les choses autrement. Cyrulnik l'affirme : « Une des plus grandes découvertes récentes est sans doute d'avoir constaté que le cerveau chez les mammifères et d'autres espèces est en constante évolution. Si bien que nous devons reconnaître aujourd'hui que si les animaux changent, nous devons aussi changer la perception que nous avons d'eux !... Comme tout mammifère, l'homme vit dans un monde où agissent les traces du passé. Puis, il vit dans un monde de représentations, d'images sonores et visuelles où certains animaux commencent à mettre la patte, comme les chats, les chiens, les singes, et bien d'autres espèces dont nous n'avons pas fait la connaissance. »

À cet effet, on s'est rendu compte récemment, entre autres observations, que plusieurs animaux pouvaient se représenter des images ou des concepts mentalement, c'est-à-dire en dehors de la réalité. Par exemple, certains animaux peuvent se reconnaître sur des photos, les chimpanzés comme Washoe, la protégée de Roger Fouts[8], peuvent apprendre le langage des signes, l'enseigner à leur progéniture laquelle peut même inventer des mots et des locutions nouvelles. Pascal Pick[9] ajoute : « Les études expérimentales en psychologie comparée et surtout sur les comportements sociaux montrent que les chimpanzés sont doués d'empathie, de sympathie, et d'une conception du bien et du mal. Ils agissent en ayant conscience de leur image face à un miroir, mais aussi de l'image qu'ils donnent d'eux-mêmes aux autres. Cela implique amitiés, inimitiés, politique, trahison, mensonge et rire. »

En ce qui concerne le chien, toujours selon Cyrulnik, celui-ci possède comme nous un lobe préfrontal, qui traite l'anticipation et s'associe avec la mémoire, qui traite le passé. Cet ensemble neurologique se développe graduellement et permet à ces animaux de se représenter un monde absent. « Plus on découvre les animaux, leurs manières de vivre et leurs mondes sensoriels qui les préparent à un type de langage, plus on comprend la place de l'homme et de son propre langage à l'intérieur du monde vivant. Les animaux vivent dans un monde plus sensoriel, alors que les hommes vivent dans le monde de l'artifice verbal et technique. »

Ces recherches, ces découvertes, ces points de vue nous renseignent, nous éclairent, nous fascinent aussi. Mais ils ont un autre point en commun qui, s'il n'était pas présent à l'origine, s'est

8. *L'école des chimpanzés*, Roger Fouts, Éd. JC Lattès, 1998.
9. Pascal Pick est paléontologue, *La plus belle histoire des animaux*, Pascal Pick, Jean-Pierre Digard, Boris Cyrulnik et Karine Lou Matignon, Éditions du Seuil, avril 2000.

subtilement glissé dans la relation que nous avons avec les animaux. Ces recherches sont devenues des moyens pour tenter de combler des attentes purement humaines : comment amener les animaux à collaborer avec nous selon nos besoins. Au lieu de nous servir de ces découvertes afin d'approfondir et d'améliorer notre relation avec les animaux, nous avons tenté, souvent aveuglément, de ne considérer que les performances de ceux-ci, sans tenir compte de leurs besoins et de leurs capacités à eux ni de ce qu'ils sont en mesure de nous apporter et qui se situe bien au-delà d'une collaboration ne visant que l'accroissement de notre productivité industrielle ou des performances imaginées simplement pour glorifier notre ego. Heureusement, pour nous comme pour eux, cette vision de notre coexistence avec une autre espèce tend à s'élargir de plus en plus. Même l'appellation « animaux inférieurs », dans l'énoncé de Darwin, aura été sujette à controverse au cours de l'évolution récente de nos perceptions. On appelle maintenant les mammifères et les primates non humains des animaux « supérieurs ».

Michel de Pracontal, journaliste au *Nouvel Observateur,* pose la question suivante : « Le splendide isolement de l'humanité ne serait donc qu'une pure fiction ? » Il nous présente l'éthologue Pierre Jouventin qui souligne dans un de ses ouvrages[10] le grand virage de l'éthologie : « Pendant des décennies, on a cherché à définir "le propre de l'homme", à mettre en évidence une frontière qui nous sépare radicalement des autres espèces, explique-t-il. Force est de constater que l'on n'y est pas parvenu. Les animaux

---

10. *Les Confessions d'un primate. Les coulisses d'une recherche sur le comportement animal,* Pierre Jouventin, Belin-Pour la science.

communiquent, manipulent des symboles, ont des souvenirs, font preuve de ruse, de stratégie. Ils ne cessent d'empiéter sur ce qui était censé être le "domaine réservé" de l'humanité… En somme, observe Jouventin, on retrouve toute la pertinence du jugement de Darwin, qui écrivait déjà en 1871 : "La différence d'intelligence entre hommes et animaux les plus évolués, aussi grande soit-elle, est une différence de degré et non de nature[11]." »

Il faut bien se rendre à l'évidence : les choses n'évoluent pas tant que ça ; c'est plutôt le dévoilement de leur réalité effective qui modifie nos perceptions. La terre a toujours été ronde, c'est notre façon de la voir qui a changé.

11. *Le Nouvel Observateur,* 8 novembre 2001, n° 1931.

Chapitre 2

....

Avoir un chien, valeurs contemporaines

Depuis des lustres, nous partageons nos vies avec le chien. Selon les époques et selon nos besoins, nous avons considéré sa présence parmi nous en fonction de ce que nous pensions de lui. Qu'en est-il aujourd'hui? Voici ce qu'en pensent ceux qui les soignent, les vétérinaires.

« […] De nos jours, la plupart des chiens élevés sont destinés à devenir des animaux de compagnie, même s'il y a encore des chiens de travail, qu'il s'agisse de chiens d'aide ou de vrais chiens de travail, tels ceux qui rassemblent le bétail, flairent les substances illégales, participent à des recherches, gardent ou protègent. Aujourd'hui, on se préoccupe davantage du traitement sans cruauté et du bien-être des chiens et cela peu importe leur fonction. Toutefois, le traitement sans cruauté dépend de la compassion, de la compréhension, des habiletés, de la formation et de l'intégrité du propriétaire de chien, de l'éleveur et de tous ceux qui travaillent dans l'industrie des chenils. »

« Il est préférable d'obtenir des renseignements sur les caractéristiques, la physiologie, les besoins nutritionnels et le comportement de chaque chien, qu'il soit de race pure ou non. Il est important de comprendre que chaque chien est totalement dépendant des personnes qui en prennent soin[12]. »

Cette recommandation faite par l'Association canadienne des médecins vétérinaires, qui dénonce la cruauté envers les chiens, est née grâce aux observations qu'ont pu faire quotidiennement les vétérinaires qui l'ont rédigée. Ces derniers, outre les éleveurs, les éducateurs canins, et tous ceux qui œuvrent dans le milieu, ont été fréquemment placés dans des situations intolérables et incompréhensibles dans le cadre de leur travail, par exemple lorsqu'ils voyaient des chiens passablement négligés ou carrément maltraités et, qui plus est, dont on favorisait la reproduction. Et on s'étonne encore que les chiens soient aux prises avec des problèmes comportementaux ! Ce code de pratiques affirme pourtant que « le traitement sans cruauté dépend de la compassion, de la compréhension, des habiletés, de la formation et de l'intégrité du propriétaire de chien ».

Par ailleurs, il a été médicalement démontré qu'un chien équilibré est un bienfait pour notre santé physique et mentale. Le chien

---

12. Extrait du *Code de pratiques recommandées pour les chenils du Canada*, Association canadienne des médecins vétérinaires, septembre 1994.

aide l'homme à développer son sens des responsabilités, lui apprend le respect de la vie, la connaissance de soi et la compassion.

Cela veut-il dire que nous devrions faire preuve de compassion avant d'accueillir un chien? Ou est-ce le chien qui devrait nous aider à développer cette qualité? Faudrait-il avoir entrepris une démarche spirituelle avant de nous procurer un animal de compagnie? Et le chien que nous choisirions devrait-il lui aussi démontrer un parfait équilibre?

Bien sûr que non. La compassion, cette qualité qui exige une attitude d'ouverture, d'écoute et de compréhension de l'être avec qui on entre en relation peut certainement nous permettre d'accueillir un chien de manière fort adéquate, ne serait-ce que sur le plan pédagogique. Et le chien, à l'instar de bien d'autres animaux, peut certainement réussir à nous inspirer le respect.

D'abord et avant tout, il importe de nous poser la question suivante : pourquoi désirons-nous partager notre vie, ou une bonne partie de celle-ci, avec un être d'une autre espèce ? En répondant sincèrement et simplement à cette question, nous cernerons mieux les motivations profondes qui nous poussent à rechercher cette relation. Avons-nous besoin de combler un vide dans notre existence ou de briser notre solitude ? Ou désirons-nous un chien dans le but de le dresser afin qu'il accomplisse les plus hautes performances, ce qui aurait pour effet de mettre en évidence notre propre intelligence et nos propres capacités ? Ou encore, ne serait-ce pas pour développer nos aptitudes maternelles ? Peut-être désirons-nous simplement un contact plus étroit avec la nature ? Peut-être savons-nous « instinctivement » que les animaux nous renvoient parfois une image de nous-mêmes? D'où nous vient cette fascination pour eux? Ressentons-nous intérieurement, même inconsciemment, ce que Darwin a tenté d'expliquer? Si nous sommes issus d'un ancêtre commun, si nous provenons de la même source, peut-être ressentons-nous confusément ce besoin inexplicable de nous identifier de nouveau à cette source? Peut-être souhaitons-nous faire tomber cette barrière que nous avons érigée entre les autres espèces animales et nous-mêmes? Tentons-nous ainsi d'harmoniser ce qui nous paraît irréconciliable entre nature et culture?

Je crois fermement, pour peu que nous soyons ouverts à ces dimensions, que le chien peut effectivement contribuer à améliorer notre connaissance de nous-mêmes et à développer la compassion considérée comme une base solide dans la relation que nous avons avec les animaux. Et si nous pouvons développer cette compassion en côtoyant les chiens, peut-être pourrons-nous aussi la développer et la communiquer à d'autres espèces, peut-être même à nos semblables humains.

Carl Jung[13] a cru en cette idée d'une parfaite alliance entre l'homme et la bête: «L'acceptation de l'âme animale est la condition de l'unification de l'individu, et de la plénitude de son épanouissement.»

Les immenses bienfaits que peut nous procurer une relation avec un animal sont évidents. Mais qu'advient-il lorsque cette relation ne fonctionne pas? Pourquoi tant d'animaux de compagnie sont-ils abandonnés? On peut penser que, dans certains cas,

---

13. Carl Gustav Jung (1875-1961), psychiatre suisse. Le plus proche des disciples de Freud, il fut le premier à s'écarter des thèses de son maître en ajoutant une dimension spirituelle à l'approche psychodynamique.

l'homme n'est pas fait pour vivre avec le chien qu'il s'est choisi. C'est possible, tous les chiens ne sont pas faits pour vivre avec tous les hommes, certains sont trop énergiques pour notre mode de vie, d'autres trop sédentaires, etc. Et les préférences expliquent certainement l'échec de quelques relations homme/chien : chaque individu a bien le droit à ses goûts en matière de chiens, chacun peut préférer un grand chien calme à un petit agité. On est ici dans le domaine des goûts et des couleurs, tout cela demeure relativement personnel. Mais lorsqu'on aborde la question des tempéraments, des comportements ou des simples réactions d'un chien que nous avons choisi, mais dont les attitudes ne nous conviennent pas, on s'aventure sur un terrain où les sentiments et les émotions jouent un rôle essentiel. Il y a alors « mésentente » entre l'homme et l'animal, et la situation harmonieuse recherchée est mise en péril. Il est navrant de constater que des situations au cours desquelles l'humain se sent mécontent ou insatisfait de son chien, l'amènent, fréquemment hélas !, à l'abandonner.

Les raisons pour lesquelles nous n'aimons pas tel comportement ou telle réaction deviennent difficiles à définir. Par exemple, lorsque des propriétaires de chiens viennent me consulter en me faisant part de leur découragement, me disant : « Je suis désespéré », « Je n'en peux plus », « Mon chien m'exaspère quand il agit comme ci ou comme ça », je les laisse s'exprimer. L'une des premières questions que je leur pose ensuite est la suivante : « Pourquoi voulez-vous un chien ? » La plupart du temps, je trouve dans leurs réponses de bons indices capables de me conduire au cœur du problème. Voici un cas classique. Le propriétaire du chien se plaint :

— Mon chien aboie dès qu'il entend le moindre bruit, et aussi au moment de la promenade. Quand on rencontre des gens, surtout le soir, et il tire sur la laisse.

— Pourquoi vouliez-vous un chien?

— Pour me protéger.

— N'est-ce pas ce qu'il fait? Il vous protège!

— Non, il s'énerve, il tire sur la laisse, on dirait qu'il a peur…

Il arrive qu'une personne souffrant d'insécurité ait tendance à compter sur son compagnon à quatre pattes, il se peut que nous soyons ici en présence d'un homme qui a peur et qui communique sa peur à son animal. Mais qui a peur au juste? Qui s'énerve? Pourquoi le chien tire-t-il sur sa laisse?

Le chien est un animal hyper-sensoriel. Il capte énormément d'informations qui échappent à l'être humain. Grâce à ces extraordinaires facultés, il peut, par exemple, prévenir un épileptique à l'approche d'une crise ou détecter un cancer qu'une équipe médicale n'est pas encore parvenue à déceler autrement. Cette hypersensorialité permet au chien de percevoir également nos états d'âme. Il peut déceler une multitude d'émotions que nous ressentons, même parmi celles que nous cherchons à camoufler ou à renier. Il n'est donc pas étonnant que le chien puisse détecter la peur de son maître quand celui-ci fait face à des étrangers et qu'il s'investisse d'une mission de protection, et ce, même s'il n'a pas les qualités requises pour intervenir efficacement. L'animal réagit à ses proches comme il le ferait dans une meute où il est normal que chaque individu réagisse en fonction de l'environnement immédiat. Il est démontré aujourd'hui que le tempérament du chien est façonné en majeure partie par son environnement physique et social.

Tout comme nous, le chien possède une étonnante capacité d'adaptation. Sans cette faculté essentielle à la survie, jamais les chiens n'auraient pu nous suivre de si près depuis 15 000 ans ! Le chien s'adapte donc. Exception faite de certains individus qui n'auraient pas bénéficié d'une éducation misant sur l'éveil des sens par de riches expériences sensorielles et par le développement précoce de l'autonomie. Je me rappellerai toujours cette rencontre avec un client où une petite lueur de compréhension s'est éveillée en moi :

« Mon chien veut toujours que je m'occupe de lui. Il aboie, s'énerve, fait les cent pas sans arrêt dans la maison, me dit un professeur de piano. »

Mon client travaille un grand nombre d'heures afin de boucler ses fins de mois. Cette situation le rend nerveux et tendu, il a décidé de s'adonner au taï chi pour mieux retrouver son calme.

Son petit berger Shetland est lui aussi d'un tempérament nerveux, et relativement craintif. Le maître n'arrive pas à contrôler les aboiements du chien, ni ses autres comportements indésirables, et se désole de ses demandes d'attention persistantes. Il y a bien sûr, à la base de cette situation, un problème de hiérarchie. Dans le but d'en savoir davantage, j'ai demandé à mon client de préciser dans quelles circonstances son chien fait montre de calme. Il m'a répondu que cela se produit dans une seule situation, celle où son maître l'amène au parc et l'attache à un arbre tout près de lui afin de pratiquer son taï chi en toute quiétude. Je n'ai pas eu besoin d'investiguer plus loin, cela me semble évident ; le chien s'adapte aux états d'âme de son maître. Lorsque ce dernier est nerveux, le chien l'accompagne dans cette nervosité. Lorsqu'il est calme, le chien l'accompagne dans la sérénité. Il s'agit d'un chien-caméléon !

J'ai suggéré à mon client plusieurs exercices ayant pour but de rétablir la hiérarchie, le développement de l'autonomie du chien et d'autres exercices lui permettant d'augmenter son attention. Finalement, j'ai ajouté une remarque où je lui ai suggéré de cultiver l'esprit du taï chi dans toutes ses activités avec le chien, lui disant que cela lui serait certainement d'un grand secours. Devant ce conseil apparemment fantaisiste, mon client m'a lancé un regard intrigué… mais stimulé. Au bout de quelques jours, la relation avec son chien était transformée !

Qu'est-ce que le taï chi vient faire dans une relation homme/chien, me direz-vous ? Je répondrai qu'en période de nervosité, nous, humains, sommes beaucoup plus irritables, moins capable de concentration. Lorsque nous nous adonnons à une activité comme le yoga ou le taï chi, nous sommes forcés de nous concentrer sur différents aspects de notre fonctionnement : notre respiration doit être plus profonde et plus consciente, notre rythme doit être plus lent et plus contrôlé. Selon les maîtres qui enseignent ces arts, il faut cultiver trois éléments essentiels :

Un esprit éveillé.

Un cœur paisible.

Un corps détendu.

L'esprit, correspond à la pensée, à l'intention : c'est le *SHEN ;*

Le cœur représente l'énergie, la volonté : c'est le *CHI ;*

Le corps, c'est le centre, l'action : le *JING.*

Voyons maintenant dans quel petit cercle vicieux nous nous retrouvons généralement avec un chien, bien que nous ne le souhaitions pas. Lorsque nous sommes irritables, nous lui communiquons notre irritabilité, ce qui lui transmet du même coup un stress. Et, c'est normal, le chien stressé a du mal à collaborer. Cela va de soi. Son manque de collaboration nous impatiente, nous irrite… Et nous voilà piégés, engagés l'un et l'autre dans une relation insatisfaisante et répétitive !

Il est étonnant de découvrir tout ce que nous pouvons transmettre à un chien, malgré nous. Si notre attitude est négative, elle entraîne toute une chaîne de réactions négatives dans nos rapports !

Des chercheurs ont découvert que ce phénomène prenait de l'importance dans nos sociétés où les animaux de compagnie tiennent une place de choix. Voici ce qu'en dit un spécialiste :

« On voit apparaître dans les villes des chiens que j'appelle des "délégués narcissiques" : l'animal devient une sorte de miroir, de représentant du soi intime dans lequel le propriétaire se reconnaît… L'animal est personnalisé, assimilé à notre propre image… Forcément, les chiens deviennent des éponges de nos propres émotions… L'idée que l'on a du monde matérialise certains comportements du chien et gouverne son destin. Dans certaines pathologies comme les maladies maniaco-dépressives, tantôt mélancoliques, tantôt euphoriques, on voit que le chien s'adapte à l'humeur du maître… il est hypersensible au moindre indice émis par le corps du propriétaire. Les chiens humanisés finissent par souffrir des mêmes maladies que les hommes[14]. »

---

14. *La plus belle histoire des animaux*, Pascal Pick, Jean-Pierre Digard, Boris Cyrulnik et Karine Lou Matignon, Éditions du Seuil, avril 2000.

Cette affirmation nous amène sur un terrain quelque peu dérangeant, avouons-le, mais combien fascinant : nos attitudes physiques, notre langage corporel, nos humeurs et nos états d'âme façonnent la personnalité du meilleur ami de l'homme. Hubert Montagnier, psycho-physio-éthologue, ajoute[15] :

« Qu'on ne s'étonne donc pas si, aujourd'hui encore, le chien reste le support rêvé de toutes les identifications et projections. Le chien est devenu un membre de la famille à part entière. Au point que l'on se bat désormais pour sa garde au cours d'un divorce. L'animal remplit des fonctions ou rôles d'agent de sécurité, de substitut, de médiateur, de béquille physique ou affective, tout en étant le réceptacle des émotions, affects, fantasmes, projets du possesseur et de ses proches.

« À l'abri de nos mots, nous tentons de communiquer avec lui pour mieux nous parler à nous-mêmes. Le résultat est souvent dramatique car cet animal, dont on a oublié la véritable nature au point de troubler tous ses repères par nos manques affectifs, devient l'élément familial perturbé, celui qui déprime, « s'ulcérise », se mutile ou agresse. C'est lui qu'on médicalise. Pour preuve, le chiffre d'affaires annuel du marché américain des psychotropes vétérinaires frôlerait désormais le milliard de dollar[16]. »

Que notre supposé meilleur ami devienne ainsi notre principal bouc émissaire, notre agneau sacrifié, n'est certes pas pour plaire à tous. C'est malheureusement une réalité bien tangible aujourd'hui et bien des troubles du comportement chez les chiens

15. Dans *Sans les animaux, le monde ne serait pas humain*, Éditions Albin Michel, 2000.
16. Selon l'hebdomadaire londonien *The Economist*.

n'existeraient pas si nous ne nous servions pas d'eux pour combler des manques affectifs, que ce soit en les aimant d'un amour mal canalisé, en les infantilisant ou en les maltraitant physiquement.

Chapitre 3

....

Analyser pour comprendre,
la voie du respect

Je reviens sur cette recommandation que l'on trouve dans le Code des pratiques pour les chenils du Canada : « le traitement sans cruauté dépend de la compassion, de la compréhension, des habiletés, de la formation et de l'intégrité du propriétaire de chien ».

Attardons-nous à deux de ces éléments : la compréhension et la formation. Pour entrer en relation avec un chien, nous devons d'abord comprendre son fonctionnement (ses besoins, ses limites, son langage). De prime abord, le chien n'est pas en mesure de saisir la signification de nos comportements. Il nous «lit» avec son dictionnaire canin. Et nous faisons de même avec notre dictionnaire humain. D'où bon nombre de malentendus, on commence à le saisir.

Si vous avez vu le film *Gorillas in the mist* portant sur cette éthologiste et chercheuse exceptionnelle que fut Diane Fossey (assassinée par des contrebandiers au Rwanda en 1985), vous avez pu en apprendre davantage sur cette femme qui a bousculé nos façons de faire et de voir. Elle s'est intéressée de près au langage des gorilles, c'est le moins qu'on puisse dire: elle vivait avec eux, en pleine jungle! C'était pour elle la seule façon de les observer de près et d'obtenir des informations précises à leur sujet. Grâce à ses observations, elle a réussi, en imitant certains comportements jugés adéquats, à s'intégrer à des groupes de gorilles. Pour ce faire, il va sans dire qu'elle devait connaître ou reconnaître ses propres limites (physiques, émotionnelles et intellectuelles). Ne s'improvise pas gorille en pleine jungle qui veut! Cela suppose de grandes qualités d'écoute et d'observation.

Il en va de même pour les amis du chien. Le fait de mal interpréter certains de ses comportements peut évidemment avoir des conséquences fâcheuses, mais la plupart du temps, ces erreurs sont subtiles et bien involontaires. Il ne sert à rien de culpabiliser, mais il convient de prendre conscience de nos agissements. Voyons ce que raconte à ce propos Michel Chanton, que Karine Lou Matignon se plaît à nous présenter comme un éthologiste en colère…

«Ce qui structure un échange réciproque entre un homme et un chien, c'est la demande de contacts réciproques. En tant que mammifères sociaux, tous deux ont besoin de vivre en groupe, au sein d'une organisation sociale clairement définie. Parce que le chien n'a pas la possibilité d'établir de relations avec d'autres congénères, il se suffit plus ou moins bien des codes sociaux humains qui sont relativement *calquables* sur ceux de l'espèce canine. C'est ce qui explique d'ailleurs l'impression que nous avons que la communication entre le chien et les membres d'une famille fonctionne à merveille. Faute de trouver des semblables à quatre pattes, le chien se tourne vers l'homme et, de fait, devient très demandeur de rituels d'interactions et donc de communication... Comme les gens sont friands d'idées qui les satisfont, les propriétaires pensent que le chien partage nos soucis quotidiens, nos chagrins, nos angoisses existentielles. En fait, il réagit à des signaux physiologiques qui sont le résultat de notre émotion. Le chien ne comprend pas notre langage, à la limite une prosodie (une suite de sons incohérents). Par contre, quand il y a une discordance entre les différents canaux de communication, il va attacher de l'importance aux intonations de notre voix qui deviennent pour lui riches de sens. Certes, ce ne sont que des productions de sons mais elles traduisent un état mental. Il devient alors impossible de tricher avec l'animal. De fait, si l'on est dans un état de colère intense mais que l'on veut, malgré tout, rappeler le chien avec le projet de lui flanquer une correction, notre intonation va immédiatement trahir notre état émotionnel. Le chien va déceler deux messages contraires et considérer alors que la communication n'est pas fiable, l'interpréter comme une menace et finir dans la grande majorité des cas par désobéir. Lorsque s'installe l'incompréhension, à aucun moment le maître ne se pose la question de savoir si le chien comprend le message qu'il tente de lui transmettre. Il s'agit encore moins de savoir si le maître sait se faire entendre de lui. Le chien est coupable de ne pas comprendre. Conclusion : s'il n'obéit pas, c'est qu'il me nargue. Puisqu'il refuse d'obéir, on va le faire dresser. Tout au long de ma carrière, j'ai vu quelques milliers de propriétaires de chiens confondre aveuglément hiérarchie et obéissance. Tous étaient persuadés que la place du chien dans la hiérarchie de groupe était acquise à partir du moment où l'animal se montrait obéissant et flexible. Ce sont deux choses radicalement différentes. Sur un terrain de dressage qui le conditionne, le chien peut en effet se montrer fort discipliné parce qu'il se soumet à une contrainte mais rien ne l'empêche, dans un autre contexte, de se montrer agressif envers sa famille d'accueil[17]. »

En psychologie d'orientation béhaviorale, on définit le comportement comme une réaction observable et mesurable d'un organisme qui agit en réponse à une stimulation venue de son milieu intérieur ou extérieur. Cela s'applique aussi à l'animal (influences internes – système endocrinien-nerveux, hormones, génétique, etc. – et influences externes – environnement physique et social, dressage, éducation). Peu importe le chien, sa race ou sa taille, les principes de base du comportement sont les mêmes. Tous les loups, tous les canidés, tous les prédateurs (dont nous sommes), ont des comportements de base semblables. Vouloir à tout prix s'en dissocier traduit une fuite devant une réalité qui ne nous plaît pas. Cyrulnik ajoute : « La nourriture, le sexe et le territoire, on peut faire une vie de ces trois mots-là. »

---

17. *Sans les animaux, le monde ne serait pas humain*, Karine Lou Matignon, Éditions Albin Michel, 2000.

À la question pourquoi un chien court-il?, tentons de donner la réponse la plus banale et évidente qui soit: parce qu'il en a la capacité. Comme nous. Mais comment fonctionne cette capacité? C'est l'intelligence du chien qui coordonne ses capacités physiques et mentales afin d'évoluer (dans tous les sens du terme). Comme nous. Et cette intelligence, sur quoi se base-t-elle pour gérer ces capacités? Sur la motivation. Le désir. La volonté. C'est parce que le chien est motivé à faire quelque chose qu'il le fait. S'il court, il peut le faire parce qu'il a besoin de se dégourdir, ou parce que son instinct de chasse le lui dicte, ou peut-être pour éviter une punition... ou l'auteur de la punition[18]. Comme nous. Nous possédons, tous les deux, une faculté nous permettant de nous adapter aux situations quotidiennes que nous affrontons. C'est en comprenant le chien dans ses besoins et en observant son langage que nous serons en mesure d'adapter nos attitudes aux siennes, nos comportements et réactions, nos attentes aussi.

Par exemple, lorsque nous devons faire face à l'agressivité d'un chien, notre réaction la plus fréquente est de l'affronter. Cela se manifeste par des moyens fort douteux comme celui de le soulever par les joues ou par la laisse ou encore de le faire tourner dans les airs pour le punir. Devant de telles situations, on se demande jusqu'où iront notre incompréhension et notre manque d'habileté à résoudre certains problèmes relationnels...?

Le Dr Nicholas Dodman, médecin-vétérinaire anglais et professeur à la Tufts University School of Veterinary Medicine, nous

---

18. Luc Campbell, *Cahiers de la certification cyno-professionnelle canadienne ltée*, édition 1995 révisée.

aide à faire la part des choses en remplaçant, dans cette situation, le chien par un enfant :

« Imaginez votre réaction, si un médecin ou un psychologue vous conseillait de frapper votre enfant en plein visage pour éviter un comportement non désiré. Je ne suis pas sûr que seriez d'accord avec ce traitement thérapeutique. Pourtant, certains enseignent encore à marcher sur les pattes du chien ou à le frapper dans la poitrine avec le genou afin qu'il cesse de sauter[19]. »

En fait, il est question ici d'une notion de respect bien élémentaire. Nous avons appris à cesser de frapper nos enfants. Peut-être apprendrons-nous maintenant à respecter aussi toutes les autres formes de vie.

---

19. *The Dog Who Loved Too Much*, Dr N. Dodman, Ed. Bantam.

Chapitre 4

....

Éthogramme canin : entre chien et loup

J etons un coup d'œil très sommaire sur les principaux traits relatifs à l'espèce canine. Les races ont été développées par accouplements sélectifs. On a modifié l'aspect physique des chiens. Les traits de personnalité ont suivi la même voie ; le comportement aussi.

L'éthologie étudie les comportements des animaux (incluant l'homme). Le terme éthogramme est utilisé pour désigner l'inventaire complet des comportements d'une espèce, c'est-à-dire tous les moyens dont les individus de cette espèce disposent pour « réagir à » et « agir sur » son environnement physique et biologique.

Pour inventorier ces comportements, il faut les observer, les analyser en milieu naturel. Mais voilà, le chien a été créé par l'homme car tous les chiots, dès leur naissance, reçoivent une imprégnation humaine. Dès lors, le processus d'identification de l'animal s'en trouve biaisé, un peu comme ce caneton qui, élevé par une oie dès l'éclosion, s'identifiera plutôt aux oies qu'aux canards. Sachant que les chiots naissent dans des environnements strictement humains, il nous est donc permis de croire que le chiot nous arrive, d'une certaine façon, dénaturé. Si je veux étudier le comportement naturel d'un poisson, je n'apprendrai pas grand-chose à le regarder, même pendant très longtemps, dans son bocal.

Même les chiens retournés à l'état sauvage, tels les dingos d'Australie ou les basenjis d'Afrique, ont d'abord coévolué avec l'homme avant de se retrouver dans la nature ; leur répertoire comportemental est issu d'un passé acquis dans un monde humain. C'est peut-être une des raisons pour lesquelles ces animaux ne nous quittent pas vraiment et se nourrissent à même nos dépotoirs ; ils n'auraient pas les qualifications préalables pour survivre en forêt.

L'éthologie a davantage étudié les comportements de l'ancêtre le plus près du chien, c'est-à-dire, le loup, et d'une manière plus large, ceux des chacals, coyotes, renards et autres canidés, considérant que les chiens auraient hérité de ce bagage comportemental et instinctuel.

Ainsi, pour la grande famille des canidés, on peut esquisser le tableau que voici :

CARNIVORE	Prédateur Chasseur. Bon coureur, ouïe et odorat développés.	Éboueur occasionnel
GRÉGAIRE (Meute) (Quoique groupe peu structuré)		**Hiérarchie de dominance** Système de communication élaboré pour le maintien de la hiérarchie reposant sur des signaux visuels (langage corporel), olfactifs et vocaux.
SOCIAL/Territorial		**Défense d'un groupe/espace** Garde, marquage.

Ce tableau, à lui seul, peut nous éclairer sur bien des comportements. Par exemple, le chien est carnivore, et tant que sa dentition ne se sera pas modifiée par mutation génétique en raison de l'évolution de son espèce, nous devrons le considérer comme un carnivore. On peut déjà, avec ce premier trait, en déduire que lorsqu'il trouve de la viande et qu'il a faim, il est tenté de se l'approprier. Ainsi, s'il essaie d'éventrer un sac d'ordures contenant une carcasse de poulet, tout ce qu'on peut en déduire, c'est que c'est là un comportement normal, propre à son espèce.

Tout comme on peut comprendre qu'il ne sert à rien de crier le mot « Assis » à un chiot en espérant qu'il s'exécute. Le chien nous arrive certainement avec des prédispositions à « obéir », mais il doit recevoir un enseignement approprié à cette « obéissance ». Les commandes de base ne sont pas incluses dans la livraison !

Grâce à l'éthologie, on constatera le développement «normal» du répertoire comportemental, alors que l'animal se trouve dans un environnement naturel.

Qu'en est-il du chien dont l'environnement s'est franchement éloigné de celui de ses aïeux? Et qu'en est-il des comportements normalement transmis par la mère, les frères et sœurs, et tous les autres membres d'une même meute? Nous avons souvent remarqué que certains chiens maîtrisent mal le langage propre à leur espèce. Est-ce parce que les humains interviennent lors de moments cruciaux? Un chiot qu'on a retiré trop tôt de la portée a-t-il eu suffisamment de temps pour assimiler des informations essentielles à sa survie, transmises en temps normal par les membres de sa meute? Turid Rugaas[20] a écrit un petit livre extraordinaire sur ce sujet, s'inspirant de sa propre expérience de travail avec des chiens. L'auteur norvégienne nous démontre clairement que plusieurs chiens privés des enseignements de leurs semblables éprouvent de grandes difficultés à communiquer adéquatement avec d'autres chiens. Ils n'ont pas suffisamment assimilé le «dictionnaire» propre à leur espèce. Évidemment, cet état de chose se traduit par des difficultés de communication entre eux. La bonne nouvelle, c'est que nous pouvons parfois remédier à cette situation en effectuant un travail que je considère comme de la rééducation. L'ouvrage de Rugaas nous explique comment.

Certains entraîneurs allemands, dont Jorg Silkenath, ont élaboré une théorie sur la communication interespèces s'appuyant sur les traits caractéristiques de base de l'éthogramme des canidés.

20. *On Talking Terms With Dogs: Claming Signals*, Turid Rugaas, Legacy by mail, 1997.

Ils ont considéré que les trois grands traits de l'espèce (carnivore, grégaire et territorial) étaient propres à déterminer les principaux instincts dictant une multitude de réactions chez le chien : l'instinct de prédation, celui de meute et celui de défense. Ils ont remarqué que notre langage corporel et nos attitudes physiques et émotionnelles pouvaient stimuler ces réactions dites instinctuelles. Ainsi, ils auront réussi à nous éclairer un tant soit peu sur des comportements dont on ne saisissait qu'imparfaitement le sens, mais aussi et surtout sur la façon dont on peut influencer les réactions de nos chiens. Inévitablement, les recherches en ce domaine sont aujourd'hui beaucoup plus avancées et beaucoup d'intervenants refusent dorénavant de parler « d'instincts purs ». Une tout autre terminologie est maintenant employée, inspirée entre autres par les travaux en psychologie cognitive ou comparée. Le Dr Joël Dehasse pense pour sa part que nous avons occasionnellement choisi certains critères parce qu'ils arrangeaient notre raisonnement, mais il se demande si ces critères sont objectifs pour la réalité éthologique.

Par exemple, il n'est plus de mise de parler du chien comme d'un animal grégaire. En fait, les loups vivent en meute à l'occasion et le nombre d'individus varie constamment et considérablement d'une meute à l'autre et même d'une saison à l'autre, contrairement à d'autres mammifères vivant réellement en grand groupe à temps plein. Le loup, et par extension le chien, serait davantage de type social que grégaire.

Inévitablement, après 15 000 ans de domestication des chiens, nous devons considérer l'éthogramme des loups avec beaucoup de nuances, et il arrive souvent qu'il ne soit pas opportun de l'appliquer parfaitement à nos chiens. Prenons le cas d'un chiot qui n'aurait jamais vécu en meute ; sera-t-il pertinent de le regarder comme un animal de meute ? Il n'est pas certain que ces comportements dits « de meute » soient héréditaires. Dès lors, nous serons devant un individu différent de ce que l'éthogramme de son espèce nous enseigne. L'éthogramme demeure certainement un phare auquel on peut se référer pour éclairer certains comportements ou certaines réactions. Il peut aussi nous aider à mieux juger nos attentes par rapport aux chiens. Mais c'est surtout en observant le chien lui-même que nous aurons les meilleures indications.

Chapitre 5

Les balbutiements
de la relation homme/chien

Selon l'histoire la plus répandue (il existe d'autres points de vue sur le sujet), le chien domestique *(Canis familiaris)* est probablement apparu il y a 15 000 ans alors qu'il avait encore des apparences de chacal doré *(Canis aureus)* pour les uns, ou de loup nordique *(Canis lupus)* ou de loup gris *(Canis lupus pallipes)* pour les autres, ou même déjà une apparence de croisement de ces espèces. Comme nous avions l'habitude de laisser d'appétissants restes de repas riches en os ainsi que des bouts de viande autour de nos campements et villages, pas étonnant qu'il nous ait trouvés intéressants! Cependant, les sujets qui se permettaient un tel rapprochement étaient peut-être aussi les moins farouches ou les moins agressifs, ce qui n'était pas pour nous déplaire. Et nous avons sûrement apprécié le fait qu'ils nous débarrassaient de nos ordures, d'où notre tolérance à leur égard.

Se rendant compte que nous chassions pour nous nourrir, les loups (ou premiers « chiens domestiqués ») ont probablement voulu participer à ces expéditions, nous démontrant leur savoir-faire en la matière. Nous ne pouvions que nous incliner, j'imagine, devant cette aide improvisée venue du monde animal. Leurs techniques se seraient mêlées aux nôtres et nous aurions ainsi commencé à créer une relation, puisqu'une fois encore, nous devions y trouver notre compte, autant l'un que l'autre.

Évidemment, aujourd'hui, bien des siècles plus tard, notre chien nous embête lorsqu'il ne pense qu'à chasser les chats du voisinage ou les écureuils du parc, surtout si on le tient en laisse! Mais nous savons au moins que ce comportement est normal et ancré en lui depuis des millénaires. Nous lui avons probablement disputé certaines proies, et le plus fort aura eu sa part le premier. À la suite de disputes où il était le perdant, nous avons compris qu'il ne nous en tenait jamais rigueur, puisqu'il restait parmi nous de son propre chef, qu'il acceptait de manger après nous, sans vouloir à tout moment remettre en question l'ordre établi. Nous avons pu saisir ainsi qu'il acceptait une structure hiérarchique, qu'il en voyait les avantages et qu'il lui convenait de vivre en communauté. En fait, il semblait même avoir besoin de cette proximité pour son équilibre car, s'il se trouvait isolé, il se mettait à hurler jusqu'à ce qu'il ne soit plus seul. Tout comme le font nos enfants humains…

Et on croit qu'il se venge lorsqu'il aboie, gémit ou hurle quand on le laisse seul à la maison ! En réalité, le chien ne connaît pas la rancœur. S'il adopte ce comportement alors qu'il est seul, c'est parce que c'est un animal social, il est assujetti aux lois de l'attachement et du détachement. Encore une fois, sa réaction est normale et propre à son espèce. Elle n'est peut-être pas « désirable » pour nous, mais ça, c'est une autre histoire !

Nous avons donc accepté que le chien partage notre espace. Peut-être pas la tente ou la couche, mais le voisinage immédiat. Étant un animal de territoire, ce chien issu du loup se sera investi de la responsabilité de protéger son/notre territoire. Et nous y avons vu bien des avantages, encore une fois, puisqu'il nous avertissait lorsqu'un danger approchait. Mais… qu'est-ce qu'il nous embête aujourd'hui quand il aboie comme un défoncé chaque fois qu'on sonne à la porte !

Ce petit résumé d'histoire nous démontre assez bien que les animaux sociaux, appelés à « vivre ensemble », sont liés par leur sensorialité. C'est l'expression de cette sensibilité, transmise à l'aide de toutes sortes de signes, qui leur permet de bien s'entendre entre eux. Et il est assez évident que ce processus de communication trouve son efficacité entre espèces différentes. C'est dire qu'il est possible d'apprendre à nous écouter, à nous entendre, et peut-être même à nous comprendre entre hommes et chiens. Peut-être même pourrions-nous tirer quelque avantage à apprendre à « parler chien » ?

Chapitre 6

....

Des caractères de chien

Voyons maintenant quelques traits particuliers à chacun des sous-groupes qui composent l'espèce *Canis familiaris*. Les aptitudes de chaque chien sont tributaires de trois éléments fondamentaux. Ces trois éléments ont été rattachés à chacune des trois subdivisions suivantes : le groupe, la race, l'individu.

Le caractère du groupe

Les manières de se comporter qu'adopte un groupe, ce qui est distinct des manières générales de se comporter qu'a l'ensemble de l'espèce, c'est ce que nous appelons le caractère du groupe.

Par exemple, un chien de chasse n'a pas tout à fait le même répertoire comportemental qu'un chien de berger. Le premier, conduit par sa nature de chasseur, se déplacera plutôt en lignes droites ou brisées, comme le font les cockers avec leur technique de chasse en zigzag, alors que les chiens de berger ont tendance à esquisser des cercles dans leurs déplacements, ce qui correspond à leur habileté naturelle à protéger des troupeaux. La majorité des clubs canins ou des sociétés ou fédérations de cynologie reconnaissent sept groupes distincts dans l'espèce. Voici, à titre d'exemple, la subdivision qu'a adoptée le Cercle canadien du chenil[21] :

Groupe I	Chiens d'arrêt (braque, épagneul, labrador, retriever, setter, etc.)
Groupe II	Chiens courants (lévrier, basset, beagle, spitz, etc.)
Groupe III	Chiens de travail (boxer, bouvier bernois, husky, rottweiler, schnauzer, etc.)
Groupe IV	Terriers (bull, fox, schnauzer nain, airedale, west highland, etc.)
Groupe V	Chiens de luxe (bichon maltais, caniche, carlin, yorkshire, etc.)
Groupe VI	Divers, sauf chiens de chasse (bichon frisé, boston-terrier, bouledogue, chow-chow, dalmatien, lhassa apso, shih tzu, etc.)
Groupe VII	Chiens de berger (allemand, anglais, belge, colley, bouvier des Flandres, briard, etc.)

21. *Le livre des chiens*, ouvrage officiel du Cercle canadien du chenil, Édition française, 1987, Éditions Marcel Broquet.

Le tempérament de la race

Les qualités attribuées à chacune des races forment ce que nous appelons le tempérament de la race. Nous pouvons effectivement noter des tendances comportementales différentes selon les races. Mais quelques spécialistes dont le Dr Joël Dehasse demeurent prudents. Voici ce que m'a confié celui-ci à propos de cette question : « Pour le prouver il faudrait faire des observations et des tests sur des échantillons aléatoires et représentatifs, ce qui n'a pas été fait. Il n'y a pas d'appréciation scientifique. Et l'avis subjectif de cent personnes ne rend pas cet avis objectif. On trouve tous les comportements dans toutes les races ; mais certains comportements se retrouvent plus dans certaines races, lignées ou familles. Cependant, l'hérédité ou la représentativité ou la "moyenne" et l'écart type n'ont pas été établis. À une époque où on se bat pour supprimer la notion de races… humaines, peut-être ne faut-il pas réintroduire la notion de race (qui facilite celle de racisme) chez les chiens. »

La personnalité de l'individu

Enfin, le dernier élément, la personnalité de l'individu, a trait à l'individualité et à ce qui différencie les sujets d'une même race. Ainsi, on dira d'un berger allemand qu'il est timide, alors que celui de la voisine est très entreprenant. Ces différences entre individus peuvent être attribuables à leurs géniteurs, à des événements survenus lors des périodes critiques et à l'environnement social et physique dans lequel le chien a évolué. Il n'existe pas deux animaux qui soient exactement semblables pour ce qui est de

l'intelligence, du niveau de communication ou de la réponse émo-
tionnelle. Tout comme chez les humains, d'ailleurs. Là-dessus, la
majorité des intervenants s'entendent.

Ces diverses catégories peuvent nous permettre de nous situer,
par exemple, par rapport au type de chien que nous recherchons,
et nous permettre de mieux le connaître, de faire un meilleur choix
lors d'une adoption ou encore de mieux le comprendre. Mais
comme nous venons de le voir, nous devons considérer ces clas-
sifications avec beaucoup de prudence et ne pas s'y fier aveuglément. Nous commençons à le constater de plus en plus, peu
importe le caractère et le tempérament généralement attribués à
notre chien (par le groupe ou la race auxquels il appartient), c'est
l'individualité du chien qui est soumise à des modifications majeures. Par exemple à la suite de la domestication de l'animal ou en
raison de notre ignorance du « mode d'emploi » du chien et de son
langage, à nos perceptions erronées ou encore à l'anthropomorphisme.

Chapitre 7

....

Considérations sur la communication : le *parler chien*

L'étude du langage utilisé par certaines espèces nous aura amenés à connaître l'étendue de leur système de communication, du plus simple au plus complexe, et nous aura permis de découvrir l'utilité de ce langage. L'élaboration de ces systèmes de communication repose sur la nécessité qu'éprouve telle ou telle espèce de se comprendre entre individus. Ces nécessités, de prime abord, ont toujours été dépendantes de l'instinct de survie de l'animal. Exprimer son besoin de se reproduire ou de manger ou encore de se protéger contre les prédateurs, par exemple, est à la base de tout système de communication établi par un animal ayant à vivre en communauté. Rappelez-vous la petite phrase de Boris Cyrulnik : « La nourriture, le sexe et le territoire, on peut faire une vie de ces trois mots-là. »

Chez les chiens, l'évolution de l'espèce ne va pas avec le passage du quadrupède au bipède et ne correspond pas davantage à l'abaissement du larynx permettant l'expression vocale, comme c'est le cas chez les primates et, par extension, les humains. Depuis le *Miacoidea*[22], qui semble être l'ancêtre commun le plus ancien des canidés dont sont issus, entre autres, la famille des *Canis* : *Canis lupus* (loup, – environ 2 millions d'années), et *Canis familiaris* (chien, depuis 15 000 ans), le langage est demeuré au stade corporel. Les moyens d'expression sont les attitudes physiques, les mimiques faciales, la position des oreilles ou de la queue et ce sont elles qui déterminent encore aujourd'hui la nature des interrelations. Quelques sons (aboiements, jappements, hurlements, etc.) font aussi partie du « dictionnaire canin », ce qui améliore la clarté des messages émis et permet d'éviter tout quiproquo. Il semble toutefois que les chiens ne peuvent pas avoir accès à quelque forme syntaxique que ce soit. En effet, ce n'est pas parce que nous disons à notre chiot, qui plus est en le grondant, « Pipi, dehors » que celui-ci fera la relation entre ces deux éléments, même s'il est capable d'associer une image distincte à chacun de ces deux

---

22. Le *Miacoidea* aurait vécu en Amérique du Nord entre -54 et -38 millions d'années. Il s'agissait à l'origine d'animaux arboricoles qui se sont progressivement adaptés à la terre ferme et sont devenus des *Canis* vers -10 millions d'années. Longtemps avant lui, le *Cynodonte* (« à dents de chien »), reptile mammalien, qui possède des caractères de mammifères, dominait entre -280 et -200 millions d'années.

sons. En contrepartie, sur un territoire déterminé par une meute, si, pendant que le chiot urine dans un endroit où ce comportement lui est interdit, la mère le prend et l'amène là où il devrait éliminer, le petit sera alors en mesure d'établir une relation. Pour Roger Fouts, ce genre de séquence illustre bien la différence essentielle entre un système vocal et un système gestuel : les mots symbolisent des objets, les gestes expriment des relations. Ainsi, « le geste est la grammaire ». Dans l'enseignement qu'offre la mère à son chiot, le fait d'uriner au mauvais endroit est l'agent, le fait d'amener le chiot est l'action, et l'arrivée au bon endroit afin d'y uriner est l'objet. Les grammairiens appellent cette configuration classique SVC (sujet - verbe - complément). Cette « grammaire » permettant l'établissement de relations est toujours, selon Fouts, inscrite sur le plan génétique. C'est cette grammaire universelle ou faculté syntaxique qui nous permet de nous adresser à d'autres êtres humains ne parlant pas la même langue que nous ou encore de nous « parler » sous l'eau ou de chaque côté d'une vitrine. Il semble que pour les chiens, les mots soient utiles tant qu'ils sont associés à une chose ou à une position (balle, couche) mais que leur organisation en phrases ne serait d'aucun recours pour parfaire leur éducation. On ne pourrait demander à un chien, à l'aide de « phraséologie verbalisée » de se comporter de telle ou telle façon à moins de lui avoir préalablement enseigné une séquence qu'on aura pris soin de décortiquer en éléments uniques, chacun associé à un seul mot (s'asseoir, rester, aller vers la balle, la prendre, la rapporter, lâcher la balle, puis s'asseoir de nouveau). Nous pouvons par contre lui enseigner ces séquences tout comme sa mère le ferait pour la propreté, par exemple, sans utiliser un seul mot, et toute la « phrase » : « Non, pas dans la maison, dehors, et précisément à cet endroit du jardin, tu peux te soulager sans peur de réprimande ; oui, et j'en serai bien content ! » pourrait s'acquérir en un rien de temps. Quelle économie de salive, de verbiage et d'émotions négatives ferions-nous ! Le plus extraordinaire dans ce constat, c'est que le chiot est en mesure de comprendre aisément de quoi il s'agit, sans que nous ayons à le punir. Évidemment, le contenu du message est nouveau : « Ah ! tiens, c'est maintenant ici qu'on doit faire pipi. » Et là, c'est sa capacité d'adaptation qui s'occupera de gérer l'avènement d'un nouveau comportement en concordance avec le nouveau message. Mais son contenant, sa forme « grammaticale » est connue depuis belle lurette et lui permet de comprendre rapidement ce qui se passe et de s'y conformer facilement. En effet, l'enseignement de la propreté à un chiot se fait très aisément par sa mère. Il n'est jamais puni parce qu'il se soulage au mauvais endroit, il est simplement guidé à faire les choses autrement. Il n'acquiert ainsi ni peur ni confusion liées à l'élimination, ce que nous risquons de lui enseigner, nous les humains, si nous nous y prenons maladroitement. Jamais donc, il ne pensera : « Je n'ai plus le droit d'éliminer » (il tenterait alors de le faire dès qu'on a le dos tourné). Ou encore : « Ce que ma maîtresse veut, c'est que je fasse disparaître mes excréments » (il pourrait alors se mettre à les manger, ce qu'on nomme la coprophagie). Pas de punitions : quel soulagement ! Si on se met en rogne parce que la moquette qui nous a coûté si cher est souillée, c'est bien notre faute : nous n'avions qu'à l'enlever ou à empêcher le chiot d'y avoir accès.

Si on reprend la théorie darwinienne voulant que nous ayons avec les chiens, tout comme avec les grands singes, un ancêtre commun, il faut bien se rendre à l'évidence que cette théorie suppose des prédispositions génétiques chez ces espèces, sinon communes, au moins apparentées. Les recherches portant sur la communication entre espèces insistent largement sur ce point. Et les facultés cognitives maintenant reconnues chez certains de nos cousins mammifères en matière de développement du langage nous démontrant clairement les possibilités de « s'entendre » entre espèces différentes, nous prouvent, hors de tout doute, qu'il existe effectivement un champ où nous pourrions, tels que le faisaient nos ancêtres, accéder à une relation plus harmonieuse avec d'autres espèces. Selon l'anthropologue Gordon Hewes[23], les origines du langage humain sont gestuelles. Et le langage est enraciné dans la syntaxe neuromusculaire héritée du règne animal. Roger Fouts affirme en outre que le langage est fermement enraciné dans l'anatomie, la cognition et le comportement neuromusculaire de nos ancêtres. Et cette théorie est tout à fait compatible avec la théorie révolutionnaire de Darwin selon laquelle le langage humain provient d'autres formes de communications animales. Fouts ajoute encore une autre notion, essentielle à notre compréhension de ces théories, et qui nourrira notre nécessité de voir les animaux sous un autre angle, toujours dans le but de mieux les comprendre afin d'améliorer notre relation avec eux :

---

23. Gordon Hewes, anthropologue américain. Ses recherches ont porté principalement sur la reconnaissance d'un langage universel issu de la communication non verbale. *Primitive Communication and the Gestural Origin of Language. Current Anthropology*, 1973.

DES ANIMAUX
63
ET DES HOMMES

« Il est important de noter que le langage humain n'est absolument pas "meilleur" que le système de communication des chimpanzés sauvages. L'évolution n'est pas une course au progrès qu'aurait gagnée l'espèce humaine ; c'est un processus permanent d'adaptation pour des millions d'espèces apparentées, chacune poursuivant son propre chemin. La façon dont l'homme moderne communique et la façon dont les chimpanzés communiquent — comme leurs façons respectives de marcher, de manger, de se reproduire — sont chacune le produit idéal de six millions d'années d'évolution. Et elles trouvent leurs origines dans les gestes d'un ancêtre commun. Par conséquent, chaque fois que nous parlons, vocalement ou gestuellement, nous manifestons notre parenté avec Washoe[24] et les autres chimpanzés[25]. » Et on peut faire valoir cette vision des choses en regardant ailleurs que chez les primates, en lisant ce que rajoute Bernard Werber[26] lorsqu'on lui demande de situer l'intelligence des fourmis dans l'échelle de l'intelligence animale : « Il n'y a pas de gradation. Dans le monde animal, on ne peut parler que d'intelligences parallèles. Il est absurde de dire qu'un animal est plus intelligent qu'un autre, c'est un concept inventé par les humains pour définir les capacités humaines, la faculté de faire des mathématiques ou de construire un pont. Nos outils ne sont pas objectifs. Pour un homme, être intelligent, c'est ressembler à l'homme ! On dira d'un singe qui sait fumer qu'il est intelligent. Or, si l'intelligence est la capa-

---

24. La célèbre guenon de *L'école des chimpanzés*, Roger Fouts, Éd. JC Lattès, 1998.
25. *L'école des chimpanzés*, Roger Fouts, Éd. JC Lattès, 1998.
26. Auteur de la trilogie des *Fourmis*, best-seller planétaire, et d'un ouvrage sur les origines de l'homme, *Le Père de nos pères*, chez Albin Michel.

cité de répondre à un problème par une solution, la plupart des animaux survivants ont trouvé une solution à leurs problèmes[27]. » Nous sommes donc des espèces « achevées ». Nous nous équivalons, chacune dans nos différences. Nous nous débrouillons bien l'une comme l'autre, dans nos mondes, nos contextes et pour faire face à chacun de nos problèmes. Picard et Vidal[28] affirment que parler de l'instinct animal opposé à l'intelligence humaine n'a plus aucun sens. « Ladite supériorité de la pensée consciente humaine devient de plus en plus difficile à soutenir au fur et à mesure que nous apprenons à connaître et à apprécier l'ingéniosité dont font preuve les animaux pour résoudre leurs problèmes. »

Au cours des années quarante, Konrad Lorenz, reconnu aujourd'hui comme un des pères de l'éthologie moderne, écrivait ceci : « L'étude du comportement des animaux exige de l'observateur une intimité si étroite avec l'animal vivant, une patience si surhumaine, que l'intérêt théorique ne suffirait pas à soutenir l'attention nécessaire sans l'amour qui a justement réussi à discerner dans la conduite de l'homme et de l'animal la parenté dont il avait l'intuition[29]. »

Si, toujours selon les théories de l'évolution, la parole est née du geste, nous possédions donc le geste d'abord et l'utilisions couramment à des fins diverses. Et nous l'utilisons toujours, quoique un peu moins. Dans nos rapports avec le chien, nous pouvons

---

27. Propos recueillis par *Le Nouvel Observateur*, n° 1752, juin 1998.
28. *L'animal spirituel*, Marie-Amélie Picard et Gilles Vidal, Éd. Montorgueil, 1994.
29. *Il parlait avec les mammifères, les oiseaux et les poissons*, premier livre de Konrad Lorenz, traduit et réédité chez Flammarion en 1968.

donc utiliser le geste d'une manière qui lui soit propre. Déjà, on sait qu'il peut très bien décoder nos mécontentements, nos joies, nos stress et nos peines. Il les lit à même notre dictionnaire gestuel. Pourquoi croyez-vous qu'il soit plus facile d'enseigner des commandes à un chiot à l'aide de gestes plutôt qu'avec la voix? Certaines écoles d'obéissance vous assurent que les gestes ne doivent être enseignés que plus tard, au moment où le chien aura compris ses commandes à l'aide des mots; c'est faux. Faites-en l'essai: pour faire asseoir votre chiot, même âgé de huit semaines seulement, faites un geste de la main allant de bas en haut, paume vers le haut, devant son museau. Agissez lentement et avec précision. Il suivra votre geste du regard et vous courrez au moins une chance sur deux qu'il «tombe» en position assise immédiatement. Félicitez-le aussitôt. Si vous répétez ce geste quelques fois, il aura tôt fait de l'associer à la position assise. Et vous n'aurez pas eu à le manipuler pour qu'il adopte la position, contrainte physique qui le rend mal à l'aise, et vous n'aurez pas eu à répéter, souvent beaucoup trop fort, le mot «assis», ce qui aurait créé surprise, incompréhension et confusion. Pourquoi? Parce que le geste devient plus signifiant pour lui qu'une pluie de sons et de bruits qu'on appelle des mots. Parce qu'à force de croire que ce chien ne veut pas collaborer, on risque la déception ou pire l'impatience, alors que celui-ci ne faisait qu'exprimer une résistance à être manipulé, et non un refus d'associer la position assise au mot assis!

À ce propos, Lorenz affirme que «dans le comportement humain aussi il existe des signes mimiques qui transmettent automatiquement une humeur, et ce qui caractérise ce processus, c'est qu'il fait appel à des gestes extrêmement légers, minimes, qui échappent souvent à l'observation consciente. Le mystérieux appareil émetteur et récepteur qui permet la transmission inconsciente de sentiments et d'émotions est beaucoup plus vieux que l'humanité. Et cette faculté de comprendre les gestes d'expression les plus ténus n'atteint chez les animaux vivant en société un tel degré de perception que parce qu'ils ne comprennent pas les mots, parce que, justement, ils ne savent pas parler[30]. »

L'attitude du « professeur » est si importante que dans les milieux de l'éducation spécialisée et en psychologie de l'apprentissage on enseigne aujourd'hui que c'est d'abord l'attitude du maître et la qualité de sa relation avec l'élève qui facilite les processus d'apprentissage[31].

L'enseignement de la commande assis tel que vu plus haut sera d'autant plus rapide que vous renforcerez le chien à l'aide d'une récompense, puisque, on le sait, celui-ci fait les choses s'il est motivé à les faire (nous verrons plus en détail l'application de cet exercice dans la partie pratique de cet ouvrage). Dans de telles circonstances, on constate même qu'il « essayera » seul ce comportement et viendra s'asseoir devant vous sans que vous ne lui demandiez quoi que ce soit, afin de vérifier s'il peut, de cette manière, obtenir ce qui l'intéresse. Le chien agit sur son environnement. Ce que nous appelons un automatisme qui provient d'un conditionnement

---

30. *Il parlait avec les mammifères, les oiseaux et les poissons,* premier livre de Lorenz, traduit et réédité chez Flammarion en 1968.
31. Un précepte hérité du courant de la pédagogie d'orientation humaniste. David Aspy, D. Ed. et Flora Roebuck, D. Ed. *On n'apprend pas d'un prof qu'on n'aime pas,* résultats de recherches sur l'éducation humaniste. Éditions Actualisation, 1990. Traduction de *Kids Don't Learn From People They Don't Like.*

devient donc rapidement une séquence maîtrisable et applicable à d'autres situations. Nous nous trouvons alors devant un phénomène de transfert d'apprentissage ou peut-être même devant un comportement délibéré.

Quand on affirme que l'animal ne peut agir que par instinct ou par automatisme, on exclut qu'il aurait des besoins conscients et une réflexion structurée sur la manière de les satisfaire en portant volontairement un ou des jugements sur telle ou telle situation. On n'accorde ainsi aucune forme d'intelligence à l'animal, rejoignant encore une fois le cartésianisme[32]. Sachons qu'en principe, l'animal n'a rien à apprendre de l'homme sur ce qu'il doit faire et à propos de ce qui lui convient le mieux ; il détient déjà les aptitudes voulues destinées à assurer sa survie ainsi que celle de son espèce. On le constate aisément en regardant les chiens qui vivent à proximité des humains. Ceux-ci se débrouillent très bien sans aucune intervention humaine. Mais dès que le chien est invité à partager notre demeure, il est évident qu'il doit faire montre d'une intelligence d'adaptation des plus développées afin de pouvoir non seulement satisfaire ses multiples besoins mais aussi répondre aux normes que nous avons établies dans le but de faciliter notre coexistence à l'intérieur d'une même communauté. Dans cet esprit, il est aisé de concevoir que les chiens ont eu à accepter une énorme quantité de compromis, jusqu'à celui d'inhiber certains de leurs comportements les plus essentiels à leur survie en milieu naturel, tels la prédation et la garde. L'*Homo sapiens* partage également avec le monde animal non humain sa principale caractéristique, à savoir sa grande capacité d'adaptation. Ainsi,

---

32. Tendance à se réclamer de la pensée de Descartes ou à y être rattaché.

il n'est plus possible d'opposer instinct et intelligence, inné et acquis. L'homme, comme le chien, fait preuve d'automatismes relevant de l'acquis tout autant que de l'instinct. Nature et culture s'entremêlent ici dans les méandres devenus indissociables de l'instinct et de l'intelligence. « En fait, il apparaît qu'un comportement animal donné serait une chaîne d'interactions entre informations innées programmées génétiquement et d'acquisitions ou d'apprentissages intégrés par l'animal à chaque instant de sa vie[33]. »

Ce phénomène naturel/culturel est commun aux deux espèces et il ne se développe pas sans notre consentement, qu'il soit conscient ou non. Le chien est stimulé à agir ou à réagir selon sa motivation. Tout comme nous. Apparaît dès lors la notion de choix. Un chien qui ne désire pas se soumettre à telle ou telle situation, décide, de son propre chef, de ne pas le faire. Ce choix peut être influencé par toutes sortes de phénomènes, allant des prédispositions génétiques à la peur engendrée dans le passé. Habituellement, il optera pour la solution lui procurant un avantage certain. Si nous désirons sa collaboration, il nous appartient donc de lui démontrer ces avantages. Et plus tôt il les connaîtra, mieux ce sera. Il nous offrira alors une collaboration que j'aime appeler volontaire.

---

33. *La plus belle histoire des animaux*, Pascal Pick, Jean-Pierre Digard, Boris Cyrulnik et Karine Lou Matignon, Éditions du Seuil, avril 2000.

Chapitre 8

....

Meute et hiérarchie :
le chien chez les humains

e nos jours, nous devrions tous connaître l'importance d'offrir les meilleures conditions de socialisation à nos compagnons lorsqu'ils sont encore tout jeunes. En raison des progrès accomplis dans le domaine de l'éducation canine et grâce aux écrits qui existent sur le sujet, nous sommes en mesure de mieux comprendre le chiot et de mieux lui « expliquer » ce que nous attendons de lui au moyen d'un langage naturel qui lui est accessible. Cet apprivoisement s'effectue par un véritable dialogue qui s'établit dès les premières semaines entre nous et le chiot, indiquant à celui-ci les manières de se comporter dans la communauté où il a vu le jour et où il est appelé à passer sa vie. Le livre *L'éducation du chien* du Dr Joël Dehasse est riche d'informations essentielles à ce propos[34].

Si on reprend certains éléments élaborés dans les chapitres précédents, on a donc un chien, descendant du loup, qui vivait en meute selon un fonctionnement hiérarchique, et qui est invité à vivre dans une famille humaine. Il est donc normal que les premières questions que se pose le chiot qui arrive parmi nous soient: Quelle est cette meute? Comment fonctionne-t-elle? Qui en est le chef? Est-il un bon chef ou puis-je (ou dois-je) le devenir à sa place? Évidemment, ces questions, il va se les poser en langage canin. Et il continuera à se les poser tout au long de sa vie.

Les chiots d'une même portée acquièrent très tôt un comportement qui leur est propre. Ainsi, nous rencontrerons des fonceurs, des craintifs, des enjoués, des calmes, etc. Ces comportements peuvent être héréditaires ou peuvent naître des interactions entre les chiots ou avec les adultes. Certains petits mordillent allègrement les autres et ceux qui n'aimeront pas ce jeu avertiront de façon éloquente; les interactions adulte-chiot et chiot-chiot devraient conduire à l'apprentissage du contrôle de la morsure, du respect des adultes et de l'utilisation des modes de communication compréhensibles (apaisement et soumission). C'est à l'âge adulte que des rapports véritablement hiérarchisés apparaîtront.

La hiérarchie est un classement des fonctions et des privilèges d'accès aux ressources dans un groupe social selon un rapport de

---

34. *L'éducation du chien,* Dr Joël Dehasse, Le Jour, éditeur, 1998, 2002.

subordination. Par exemple, on sous-estime souvent l'acte de manger, chez les chiens. On s'imagine à tort que l'animal ne fait que se nourrir, goulûment ou non. Il est clairement démontré que c'est là un acte social déterminant les rôles de chacun au sein de la meute/famille ; c'est en effet pendant le rituel du repas que s'installe un aspect de la hiérarchie et de la complémentarité des rôles. Les chefs de meute se nourrissent les premiers, les autres auront les restes. Il s'agit donc ici de comprendre que nous, les humains, devrions prendre notre repas avant de nourrir notre animal. De plus, il importe de le faire de la bonne façon : manger d'abord devant le chien et le laisser manger ensuite, sans spectateur, et dans un laps de temps réduit. Dans une quête de privilèges, un chiot pourra essayer de repousser tout ce qui se trouve sur sa route, en commençant par les autres sujets plus jeunes ou plus faibles… qu'ils soient chiens ou humains. Certains chiots, au contraire, n'en feront rien et seront plus passifs, selon leur personnalité et leur tempérament (passifs au niveau hiérarchique sans être passif dans l'ensemble de leurs comportements). Il faut donc réagir à toutes ces actions ou réactions afin d'enseigner au chiot le respect des humains, peu importe leur âge, qu'ils soient enfants ou aînés. Notons qu'en ce qui concerne les enfants d'homme qui ont souvent du mal à établir leur leadership par rapport à un chien, il importera de toujours les assister et de tenir le chiot sous contrôle. Omettre ces précautions serait entrouvrir la porte à une mauvaise relation. Avec un chien, chaque relation est unique. C'est pourquoi celui-ci agit et réagit différemment avec chaque membre de la famille. En fait, c'est ce qui explique qu'un chien ne peut être défini dans l'absolu comme étant soumis ou dominant. Pour qu'il y ait dominance ou soumission, il doit y avoir un rapport, une relation. Ce sont donc des rapports hiérarchiques strictement relationnels. Sous cet éclairage, il nous faut constater que les fameux tests de tempérament que nous employons pour choisir notre futur compagnon ne sont, à toutes fins utiles, d'aucune aide pour prédire l'avenir du chiot ; ils ne sont révélateurs d'informations qu'au moment où le chiot y est soumis, et encore, selon la personne qui les fait. Nous le savons maintenant, c'est l'environnement physique et social que nous fournissons à notre chien qui façonne son tempérament. Si la nouvelle meute du jeune chien, la « meute humaine », est constante dans ses comportements avec lui et si chaque membre de la famille humaine emploie le même langage pour s'adresser à lui et réagit de la même façon devant des situations identiques, le chiot ne tardera pas à comprendre qu'il évolue dans un clan homogène et solidaire qui mérite le respect. Mais si les lois ne sont pas claires, si chacun a les siennes, le chiot ne pourra s'y retrouver et son tempérament s'en verra inévitablement affecté.

L'enseignement de la propreté, la limitation des mordillements, le refus d'attention et la façon de jouer sont parmi les premières indications de ses manières de se comporter ; alors, la relation hiérarchique que nous souhaitons avec notre animal s'installera lentement. À partir de sa cinquième semaine d'existence et jusqu'à la quatorzième semaine, le chiot devrait rencontrer des hommes, des femmes, des enfants, d'autres chiens. Le petit être privé de ces rencontres et de ces contacts se méfiera plus tard de tout étranger ou de toute situation nouvelle et pourra se montrer peureux ou même agressif. Cette étape de socialisation est d'autant plus cruciale que les effets négatifs d'une carence à ce niveau sont quasi irréversibles. Des contacts fréquents (tant visuels que tactiles, olfactifs et auditifs) sont nécessaires avec divers êtres vivants, divers objets et diverses situations. Des manipulations fréquentes établiront aussi une forme de domination d'un individu sur un autre et d'une espèce sur l'autre.

Seul un chiot qui a reçu une bonne imprégnation (chez l'éleveur) et une bonne socialisation (chez l'éleveur et chez le nouveau propriétaire) pourra être éduqué facilement et donnera de grandes satisfactions à son maître. Il est du devoir de l'éleveur d'offrir au futur propriétaire un chiot sain et équilibré, au système nerveux renforcé. Et c'est à nous que revient, en tant que «nouveau propriétaire», le soin de poursuivre ces enseignements visant à faciliter son adaptation à notre coexistence. Sur ce plan des enseignements, de plus en plus de gens sont conscients que le chiot apprend beaucoup mieux en jouant. Des méthodes positives (renforcer un bon comportement en le félicitant) seront beaucoup plus bénéfiques que les punitions ou les contraintes, souvent utilisées avec abus, qui amèneront l'animal à éviter l'auteur des punitions plutôt qu'à corriger ses mauvaises actions. Demandons-nous toujours si nous communiquons bien avec notre chien. Avez-vous déjà vu un loup donner un coup de papier journal à un autre loup ? C'est là un langage humain que ne comprend pas le chien. N'ayez pas peur d'observer et d'imiter le langage canin. Encouragez votre chien dans ses bonnes actions ! Une attitude de pédagogue nous procure beaucoup plus de succès et de plaisir à tous les deux (maître et chien) qu'une attitude tyrannique. Montrez à votre chien qu'il ne court aucun danger à obéir. N'oubliez pas : les comportements de notre chien découlent en grande partie de nos enseignements et plus particulièrement de notre attitude envers lui. Armez-vous de patience, de bon jugement, de sensibilité et d'amour. Votre volonté d'observer de près et de comprendre les réactions de votre chien dépend de votre attitude intérieure. Si vous voulez le forcer à faire quelque chose qu'il n'aime pas, ne soyez pas surpris de ne pas obtenir sa collaboration. Si, par contre, vous agissez dans son intérêt, strictement pour le plaisir et non pas pour la performance, il en sera conscient. Il se sentira alors plus en sécurité et vous obtiendrez tous les deux de meilleurs résultats.

Cela me rappelle mes efforts pour enseigner à ma chienne Dali, une petite « 57 variétés » adorable, de sauter dans mes bras. Je la faisais asseoir à mes côtés avant de passer ma commande pour qu'elle saute. Presque chaque fois, elle se relevait et reculait. Je lui exprimais alors mon désaccord et faisais en sorte qu'elle revienne s'asseoir. Après quelques essais infructueux, j'ai commencé à l'observer et à comprendre qu'elle préférait avoir une certaine distance pour mieux sauter ! J'ai donc opté pour la faire asseoir plus loin et je lui ai redemandé de sauter. Eurêka ! Elle s'est retrouvée dans mes bras immédiatement. Cet exemple nous démontre que tout comportement a une raison d'être. C'est à nous d'y porter attention et de la découvrir.

Il convient aussi de toujours demeurer conscient de nos « conversations » ou du contenu de nos dialogues avec le chien. Dans tous nos gestes, regards, postures, il existe en effet un dialogue comportemental et celui-ci peut nous permettre d'harmoniser nos émotions. Il est bon de traiter l'animal de manière concentrée, absorbée, même pour des caresses passagères (qui devraient toujours être « méritées »), et nous devrions éviter les gestes automatiques. Toute interaction sera beaucoup plus signifiante si elle est volontaire, sentie et pacifique.

Souvenez-vous : un esprit éveillé, un cœur paisible et un corps détendu : *SHEN, CHI, JING.*

Il faut également veiller à procurer à son chien suffisamment d'exercice physique, d'air frais et de soleil, sans lesquels n'importe quel animal (y compris l'humain) devient nerveux ou apathique ou irritable. Vous seriez étonnés de constater à quel point plusieurs comportements considérés comme indésirables disparaissent d'eux-mêmes dès que nous offrons à notre chien des occasions de faire le plein d'exercice.

Par ailleurs, apporter des réponses à des questions simples mais essentielles peut aussi vous être fort utile et contribuer à l'équilibre et au bien-être du chien. Votre chien aura-t-il un rôle à jouer au sein de la meute humaine ? Quelle sera sa place, ses responsabilités ? Un des rôles qu'on attribue souvent à un chien de compagnie est celui de gardien. Évidemment, je ne préconise aucunement la garde avec attaque et morsure, mais le simple fait d'avertir les maîtres de l'arrivée de quelqu'un sur le territoire peut rendre un chien « responsable ». Au lieu de lui interdire d'aboyer lorsque des gens se présentent, vous pouvez lui apprendre à n'aboyer que deux ou trois fois avant qu'il revienne vers vous. Dès qu'il aura compris qu'il a le droit de tenir le rôle de gardien, il vous suffira de le féliciter. Cette activité lui procurera un sentiment de fierté incontestable. Quand je confiais à mon vieux cocker américain Wilbrod (Dieu ait son âme !) un carton d'œufs ou de lait à aller déposer dans le bac de récupération, vous ne pouvez vous imaginer le plaisir qu'il ressentait à accomplir cette simple tâche. Vous pouvez observer ce que votre chien aime faire et le renforcer dans ces actions. Afin de découvrir ce qui lui plaît, faites des essais et vous verrez bien ce qui l'allume. Vous verrez aussi ce qui l'ennuie.

En somme, il suffit parfois de réorienter les comportements jugés indésirables et de les mettre à profit, au lieu de toujours les interdire, les inhiber ou contraindre le chien dans ses élans. Cette voie nous permet de découvrir un potentiel souvent insoupçonné de collaboration entre le chien et l'homme. De cette façon, nous pourrons inventer ou réinventer une relation vraiment complémentaire et empreinte de complicité.

Chapitre 9

Apprentissage canin : la création du lien

L'apprentissage est un ensemble de processus permettant d'établir des associations significatives entre certains stimuli et certaines réponses et de produire des comportements adaptés.

Lorsqu'un organisme a été entraîné à émettre une réponse particulière en présence d'un stimulus donné, on dit qu'il a été conditionné à répondre à ce stimulus.

Il existe deux grands types de conditionnement sur lesquels la majorité des éducateurs canins se fondent pour développer leurs techniques :

• le conditionnement classique ou répondant, élaboré par Pavlov (1849-1936)[35];

• le conditionnement opérant mis au point par Skinner (1904-1990)[36].

Nous parlons ici d'une action visant à permettre au chien de fournir une réponse et à consolider sa fréquence d'apparition en récompensant l'animal ou en faisant disparaître un stimulus désagréable dès que la bonne réponse survient. La première action est ce que nous appelons un renforcement positif et la seconde un renforcement négatif.

Dans un cas comme dans l'autre, on dit que le chien n'apprend que par association et par répétition de cette association. En fait, ce que Pavlov appelait un réflexe inconditionnel ne peut plus maintenant être considéré uniquement comme un mécanisme bien réglé et bien huilé. Il est, en soi, l'adaptation instantanée d'un comportement aux exigences de son milieu[37]. Qu'un mécanisme que l'on croyait « réglé d'avance » devienne, à force de l'étudier, un processus d'adaptation, c'est déjà lui reconnaître une finalité autrement plus complexe.

---

35. Pavlov a découvert les réflexes conditionnés et formulé sa conception générale de l'activité nerveuse supérieure.

36. Skinner, après avoir effectué des travaux sur l'apprentissage et les conditionnements opérants, a développé une forme particulière du béhaviorisme.

37. *Evolution and Modification of Behavior*, Konrad Lorenz, University of Chicago Press, 1974. Une école qui a mis du temps à arriver à ses fins et qui a beaucoup aidé à accéder à une connaissance scientifique des instincts est l'École Objectiviste de Lorenz-Timbergen signifiant un retour « objectif » à la connaissance du psychisme animal naturel – théorie contestant une interprétation mécaniste des réflexes conditionnés.

La majorité des techniques d'éducation existantes, qu'elles soient destinées à faire obéir un chien, à enseigner des trucs à un éléphant de cirque ou encore à augmenter les performances d'un cheval de course, se sont à peu près toutes inspirées de l'approche béhaviorale. Celle-ci s'intéresse aux phénomènes observables et mesurables afin de formuler des hypothèses sur les causes et les conséquences qui génèrent et entretiennent une réponse donnée. Elles ont toutes élaboré un système de punitions servant à guider l'animal vers les bonnes conduites à adopter ou à l'empêcher de choisir les mauvais comportements. Les contraintes, exercées manuellement ou à l'aide d'objets ou d'instruments (colliers étrangleurs, colliers électroniques, bâtons ou rouleaux de papier journal pour frapper), objets à lancer (chaînes, conserves emplies de pièces de monnaie ou de cailloux, jet d'eau, etc.) ont été largement utilisées, souvent abusivement. Ainsi, plus nous les utilisons, plus nous nous éloignons de nos sujets, jusqu'à nous désintéresser d'eux ou, au contraire, nous blâmons leur manque de collaboration, leur manque d'habileté ou leur manque d'intelligence !

Ces approches ont été valorisées à certaines époques, critiquées à d'autres. Ces prises de conscience et ces remises en question auront fait naître tout un mouvement prônant des façons d'éduquer qui sont plus douces, plus naturelles. On s'est mis à découvrir les bienfaits de la motivation et des récompenses (tactiles, verbales, gustatives, interactives, etc.). Abondant dans ce sens, Karen Pryor affirme avec humour : « Personne ne devrait être autorisé à avoir des enfants avant d'avoir préalablement tenté d'éduquer une poule[38]. » Par cette petite phrase déroutante, elle affirmait qu'en obtenant des résultats encourageants avec une poule, animal qui ne peut être entraîné

---

38. *Don't Shoot the Dog!*, Bantam Ed. 1985.

de force, la preuve serait faite que nous n'avons pas besoin d'avoir recours à la violence, aux cris, aux menaces, à la privation ou à toute autre forme de coercition pour obtenir des résultats positifs dans l'éducation d'un enfant.

Chacun de nos enseignements doit trouver un écho dans la satisfaction des instincts naturels du chien. Les méthodes d'enseignement ainsi utilisées reproduisent le comportement d'une mère ou d'un chien mâle avec un chiot, ou celui de ses frères et sœurs. Cette manière nous permet d'assurer la continuité des apprentissages qui ont débuté en meute. Il est à noter que cette façon de voir permet la punition dans la mesure où elle est administrée de façon claire, intelligible, sans équivoque aucune, et surtout, sans la moindre trace d'abus ou d'émotions négatives. Même un chien adulte qui aurait eu un comportement trop agressif auprès d'un chiot est considéré comme « souffrant d'un déséquilibre ». On devrait toujours tenter de guider l'animal, ou de rediriger son action, approche beaucoup plus riche d'apprentissage que celle qui se contenterait d'inhiber son action.

Nombre de comportements peuvent être enseignés sans manipulation aucune, sans contrainte ou sans recours à des objets obligeant l'animal à s'exécuter. Dans ce sens, je propose souvent à mes clients d'adopter une attitude dépourvue d'émotions négatives. Comportez-vous comme un professeur qui doit aider un jeune élève. Par cette voie, vous courez la chance de comprendre et de développer la compassion. Et qui sait, peut-être même découvrirez-vous certains aspects intéressants de votre propre fonctionnement ? La connaissance de soi est un outil magique qui permet d'apprendre à mieux apprécier autrui. Le poète Gaston

Miron[39] a écrit une fort belle pensée qui va dans ce sens : « À force de descendre en soi, on finit par rejoindre les autres parce que ça crée comme un vase communiquant. »

Éduquer un chien, ce n'est pas tenter de contrôler la volonté rebelle d'un animal sauvage. C'est plutôt s'efforcer d'améliorer les conditions de vie en société d'un animal domestique. Ainsi, au lieu de toujours chercher à contraindre l'animal, comme le veut toute forme de coercition, nous tenterons de tirer parti de ses aptitudes naturelles et de les canaliser pour le bénéfice du chien, du maître et de leur entourage.

Un cynophile averti ne consentira jamais à éduquer un chien sans tenir compte de ses besoins, de ses possibilités réelles et des processus que comporte son développement. Des techniques appropriées nous aident à obtenir le chien idéal, à savoir un chien autonome (ni dépendant ni indépendant), confiant et respectueux. Elles contribueront aussi à prévenir tous les problèmes de comportement. Jumelée à ces techniques, n'oublions jamais que notre attitude est indissociable de la bonne assimilation des apprentissages faits par le chien. L'impatience, l'hyperémotivité, la nervosité, l'abus de pouvoir, tout autant que la surprotection, entraîneront toutes sortes de problèmes de comportement. En revanche, une attitude positive, empreinte de patience et de compréhension, de cohérence et de clarté dans les intentions, et de fermeté intelligente, nous mènera vers un chien sain et équilibré et une relation homme/chien exemplaire, bénéfique et enrichissante.

---

39. Gaston Miron, 1928-1996.

Le comportement d'un chien est souvent le miroir des attitudes que nous adoptons avec lui. Une bonne dose d'introspection nous permettra d'être sincère quand viendra le temps de répondre à la question : « À qui la faute ? » Un chien constamment contraint ou menacé deviendra inévitablement peureux et fuira un maître trop exigeant. De son côté, un maître insatisfait rejettera la responsabilité sur le chien sans admettre ses propres erreurs et la fragile relation entre les deux deviendra une source de contrariétés. L'utilisation de la dissuasion provoque généralement la peur ou l'apathie de l'animal ; elle ne stimule en rien son intelligence et ses capacités de choisir. Il est inutile de vous impatienter sous prétexte que votre chien est plus lent ou plus craintif ou plus excité qu'un autre. L'apprentissage canin a au moins un point en commun avec l'apprentissage humain : s'il n'utilise que des moyens coercitifs pour parvenir à ses fins, il laissera des marques négatives profondes, voire des traumatismes. Rappelez-vous : constance, patience, affection. Il est bien plus facile d'user de son intelligence pour amener doucement l'animal à s'exécuter pour le plaisir et la récompense. Et celui-ci apprendra incontestablement plus vite.

Une fois maîtrisés les principes qui sous-tendent des méthodes d'apprentissage adéquates, le renforcement et les divers types de conditionnement, vous pourrez vous amuser à enseigner toutes sortes de choses à votre chien. Celui-ci n'en sera que plus équilibré et joyeux, et vous serez plus satisfait et fier de votre relation. La bonne humeur, le goût du jeu, la joie et l'affection qui existent entre le maître et son chien constituent les bases sur lesquelles repose le succès de l'éducation. Avant de mettre en pratique toute intention d'enseignement, établissez d'abord ces bases. Tentez de vous apprivoiser l'un l'autre. Souvenez-vous de la réponse que fit le renard au Petit Prince lorsqu'il lui demanda :

— Que signifie apprivoiser ?

— C'est une chose trop oubliée, dit le renard. Ça signifie "créer des liens"…

— Créer des liens ?

— Bien sûr, dit le renard. Tu n'es encore pour moi qu'un petit garçon tout semblable à cent mille petits garçons. Et je n'ai pas besoin de toi. Et tu n'as pas besoin de moi non plus. Je ne suis pour toi qu'un renard semblable à cent mille renards. Mais si tu m'apprivoises, nous aurons besoin l'un de l'autre. Tu seras pour moi unique au monde. Je serai pour toi unique au monde[40].

Vous sentez-vous prêt à adopter cette forme d'engagement ?

---

40. *Le Petit Prince*, Antoine de Saint-Exupéry, Gallimard, 1943.

Chapitre 10

Punir la désobéissance ?

Q uelles sont les causes de la désobéissance ? Et de quel droit punir ? Si on élimine toute cause physiologique, il en reste quatre que je vais énumérer. Alors, si vous trouvez votre chien très désobéissant, observez-le bien en gardant ces causes hypothétiques en tête, et assurez-vous de la pertinence de vos punitions.

Le choix

Si votre chien se relève dès que vous lui demandez de s'asseoir et que vous le laissez faire en vous disant « de toute façon, il n'écoute jamais », rendez-vous bien compte que c'est vous qui le laissez libre de faire son choix. N'allez pas le punir, lui ! Reprenez votre travail en allant au bout de vos intentions chaque fois que vous lui demandez d'adopter un comportement. Et ne renforcez que les bonnes réponses. L'animal sera alors intéressé et se sentira plus motivé à obéir. Si vous lui avez laissé le choix et s'il préfère toujours ses options à lui, c'est que vous avez abandonné des processus en cours de route. Comment voulez-vous qu'il vous prenne au sérieux ? Vous considère-t-il comme le chef ? Si la réponse à cette question est non, c'est à la base que vous devez retourner, afin de mieux faire votre travail et ne pas accuser le chien à tort.

La confusion

Vous demandez à Prince de se coucher et il ne semble pas savoir quoi faire. Pourquoi ? Premièrement, lui avez-vous enseigné cette commande, l'a-t-il bien apprise ? Avec quel mot : « Couche » ou « Couché » ? Avec quel geste ? Vous a-t-il bien vu, bien entendu ? Si vous croyez que la source de cette désobéissance est la confusion, n'allez pas le punir. Reprenez le travail et enseignez-lui cette commande de nouveau. Particulièrement pour celle-ci, vous devez avoir très bien établi votre rapport hiérarchique, la position couchée étant reliée à un langage de soumission. Une attitude de pédagogue vous procurera beaucoup plus de succès et de plaisir à tous les deux qu'une attitude découlant d'exigences trop élevées. En effet, des exigences trop élevées s'accompagnent, la plupart du temps, d'un niveau de frustrations proportionnel ! Allez, recommencez votre travail !

La peur

À la commande « Viens », votre chien semble craintif. Il ne vient pas directement, il fait plutôt un grand détour avant de venir à vous, l'air piteux. Que se passe-t-il ? Il a peur de quelque chose. L'avez-vous déjà puni après lui avoir demandé de venir près de vous ? S'il a été éduqué auparavant avec injustice, il cherchera alors à éviter la punition ou son auteur.

Quelque chose dans l'environnement le dérange ? Il n'est pas à l'aise. Allez-vous le punir ? Bien sûr que non. Rappelez-vous : il doit savoir qu'il ne court aucun danger à obéir. Obéir doit devenir agréable ! Changez de lieu, s'il le faut. Encore une fois et surtout pour cette commande, la motivation aura un bien meilleur effet !

La distraction

Impossible de marcher « comme du monde » avec un chien qui se montre distrait par tout ce qui l'entoure. Une feuille d'automne l'attire, un passant, un écureuil, etc. Que faire devant cette fâcheuse habitude qui nous rend si impatient ? Ici, au moins, nous savons que ce n'est pas notre faute. On pourra donc tenter de rétablir cette situation, mais encore là, il ne s'agit pas de punir l'animal à outrance. On devra d'abord lui enseigner à ne pas se laisser distraire en commençant par le mettre en présence de légères distractions. On marchera alors avec le chien en laisse dans un endroit calme et on lui demandera une attention complète. Aussitôt que son comportement s'améliorera, on augmentera le niveau de difficulté, mais de façon très progressive. Nous demandons ici au chien de combattre sa curiosité, son instinct de prédation, son envie de diriger la promenade, son envie de jouer ou, plus simplement, son désir d'aller plus vite. Nous exigeons de lui un auto-contrôle que même bien des humains ont de la difficulté à mettre en pratique… Armez-vous de patience… Pourquoi vouloir régler tous les petits désagréments en quelques semaines ? Vous avez le temps ; votre chien est avec vous pour une bonne quinzaine d'années encore…

À la lumière de ces causes de désobéissance, il apparaît clairement que plusieurs solutions de rechange s'offrent à nous à la place de la punition que nous appliquons parfois de façon « automatique ». Il est évident, par contre, que nous pouvons exprimer notre désaccord pour désapprouver telle ou telle action qu'accomplit le chien. Il s'agira d'exprimer ce désaccord en émettant un grognement au moment où le chien agit. Ce grognement a une signification très claire pour lui. Il signifie que nous ne sommes pas d'accord avec sa conduite. Il faudra en revanche le féliciter chaleureusement dès que la situation se rétablit, et ce, chaque fois. Nous verrons ces techniques simples dans la partie pratique de cet ouvrage.

Dans cet esprit, même enseigner des interdictions devient amusant, puisque le chien demeure confiant et que vous lui montrez que vous êtes gratifié par… sa performance !

Chapitre 11

....

Chiens... à problèmes ?

On constate très fréquemment, chez les animaux sauvages destinés à rester en captivité, des modifications comportementales majeures causées par leurs nouvelles conditions environnementales. La captivité soudaine peut provoquer la disparition partielle de certaines inhibitions naturelles, entre autres celles reliées à l'agressivité entre congénères, par exemple. Un monde nouveau, totalement étranger à l'animal, désorganisera ses comportements, déclenchera des réactions d'alerte. Son rapport au monde pourra même devenir inadéquat. Même les comportements de reproduction disparaissent souvent, ce qui explique pourquoi les jardins zoologiques sont si fiers d'annoncer en grande pompe certaines naissances réussies. Konrad Lorenz commente ce phénomène : « Si des défauts de cette sorte apparaissent chez des animaux sauvages que l'on n'élève en captivité que pour quelques années, combien plus graves seront ceux que l'on observera chez les espèces domestiques, qui ont été élevées pendant des siècles ? »

Les problèmes d'agression sont certainement les plus graves qui affectent la gent canine ; attaques contre les humains, agressions liées à la domination au sein de la meute ou à une relative possessivité alimentaire ou territoriale, agressions entre chiens liées au comportement sexuel et à la domination, etc. Il existe un grand nombre de types d'agression et une multitude de facteurs doivent être considérés très minutieusement. Le fait de dresser un chien à devenir agressif et à mordre peut aussi dénaturer son caractère et le rendre anxieux, confus ou farouche. Ceux qui croient qu'un chien féroce pourra mieux les défendre oublient qu'un tel chien perd facilement la notion de ses limites et qu'il peut devenir dangereux pour son entourage. Il est faux de croire que cette agressivité est occasionnelle et imprévisible. Elle est toujours une réaction à des stimuli précis. Ce qui rend le traitement de l'agressivité difficile tient au fait que le phénomène est pluricausal ; la génétique, l'incompréhension des comportements du chien, l'ignorance de son « mode d'emploi », les frustrations de l'animal, le manque d'exercice et d'exutoires, l'éducation inappropriée ou le dressage à la défense sont autant de facteurs qui contribuent à la détérioration de sa personnalité. Or, de toutes ces causes, pas une ne relève du chien. Elles sont toutes attribuables à l'homme. Souvenez-vous que nous créons nos chiens à l'aide de la sélection des géniteurs, de leurs qualités et défauts, grâce à l'environnement et à l'éducation que nous leur donnons, et que nous nous retrouvons avec les chiens que nous avons « fabriqués ».

Il est permis de croire que ces réactions inappropriées peuvent être évitées. L'information, la sensibilisation et la conscientisation des éleveurs, des propriétaires de chiots et des intervenants en cynologie sont des atouts indispensables à notre lutte contre ce fléau. Il en va de même pour plusieurs problèmes de comportement, qu'il s'agisse d'anxiété de séparation, de peurs, de dépression, etc. Les premiers pas dans ces intentions préventives incombent encore une fois aux éleveurs, d'autant plus que le consommateur compte sur eux pour « produire » les meilleurs chiots. Les éleveurs devraient avoir emmagasiné suffisamment de connaissances en santé, en génétique et en psychologie canine pour être en mesure d'éviter les tares héréditaires, tant physiologiques que comportementales. Nous commençons à nous rendre compte, fort heureusement d'ailleurs, que c'est le chiot « produit en série » (*puppy mills*) qui est le plus souvent victime de ces problèmes. Nous savons qu'une enfance perturbée entraîne souvent des comportements « étranges » chez nos animaux domestiques. Des chiots séparés ou traumatisés au cours de leurs périodes critiques peuvent traverser des moments de grande détresse et d'angoisse. Ils peuvent refuser de manger et aboyer au secours sans qu'on comprenne pourquoi. Leurs réactions sont liées à des états émotionnels perturbés. Comme nous, donc, les animaux éprouvent des chocs psychologiques ou des dépressions. Ce constat nous permet de comprendre que le monde animal n'est aucunement inerte, mais chargé d'une affectivité qui circule à l'intérieur de tous les êtres sensibles. Boris Cyrulnik nous le rappelle encore: «L'animal réagit non seulement à des informations issues du contexte, mais aussi à des informations intérieures et à des informations passées. Certaines expériences ont laissé des traces dans son cerveau qui modifient les réponses aux stimulations présentes. Dès qu'un cerveau devient capable de mémoire, toute information perçue s'associe avec une information passée; il cherche dans le passé la solution des problèmes à venir. Les animaux apprennent ainsi et parviennent à combiner des expériences acquises pour résoudre un problème que le milieu leur impose.»

Prenons l'exemple d'un jeune chien qui a peur des orages. La plupart du temps, quand celui-ci se cache sous la table de peur que le ciel ne lui tombe sur la tête, la personne qui s'en occupe a tendance à aller lui parler doucement pour le réconforter: «Mais non, n'aie pas peur, ce n'est rien…» Que se passe-t-il au juste lors de cette interaction? Avec notre voix douce et nos innombrables mots incompréhensibles pour le chien, nous sommes en train de féliciter (renforcer) le chien d'avoir peur! Bien involontairement, sans doute. Cela est un bel exemple des comportements et du langage qui fonctionnent bien entre les humains (rassurer l'autre), mais qui envoie un message tout à fait contraire à un chien. C'est pourquoi nous nommons ce phénomène un renforcement inconscient. La surprotection de l'animal est sans contredit un des facteurs importants qui favorisent les comportements inadéquats. Il en va de même pour un chien qui souffre d'anxiété de séparation et que nous tentons de rassurer chaque fois que nous le quittons: le problème s'aggravera, puisque nous lui donnons beaucoup plus d'attention au moment où nous sommes sur le point de disparaître. La chute dans la solitude n'en sera que plus grande. Nous faisons de même à notre retour, renforçant ainsi l'anxiété manifestée en notre absence. Et qu'en est-il lorsque nous disons de ce chien qui a détruit des objets ou qui a éliminé dans la maison, toujours durant notre absence, « qu'il se venge » ? Nous lui prêtons un sentiment strictement humain. C'est là de l'anthropomorphisme. Les animaux ne sont pas rancuniers. La destruction d'objets ou l'élimination dans la maison sont utilisées comme exutoires à leur anxiété. En ce qui concerne ce problème de l'anxiété de séparation, le lecteur trouvera des informations très claires dans un livre du Dr Joël Dehasse[41].

Ces quelques exemples illustrent bien les sources de confusion qui entravent notre communication avec le chien. Le chien apprend par association, et dès qu'un comportement se trouve renforcé, celui-ci se répétera. Il n'en tient qu'à nous de ne pas lui transmettre des informations qui favoriseront les mauvaises associations. Il est étonnant de constater l'énorme quantité de comportements indésirables qui n'existent que parce que nous les avons renforcés accidentellement.

En fait, dès que nous « humanisons » nos animaux, dès que nous les infantilisons apparaissent des confusions pouvant les conduire à de graves difficultés de fonctionnement. C'est dans des moments comme ceux-là qu'il devient intéressant d'observer le reflet que nous renvoie le miroir qu'est notre animal. Ses troubles nous révèlent bien souvent notre propre attitude à son égard…

---

41. *Mon jeune chien a des problèmes,* Dr Joël Dehasse, Le Jour, éditeur, Coll. « Guide pas bête », 2000.

Un amour mal canalisé ou mal exprimé dans des situations inappropriées sera tout aussi néfaste que l'impatience que l'on pourra lui manifester lorsque viendra le temps de lui enseigner des interdictions, par exemple.

Nous l'avons vu, les défaillances de notre communication et les maladresses que nous commettons à l'endroit de nos chiens constituent la cause première de nos mésententes avec eux. Ce qui nous amène à admettre qu'au lieu de chercher la cause du problème chez le chien, il nous faut plutôt observer tout ce qui l'environne! De quelle façon encourageons-nous le développement des facultés sensorielles de notre petit ami à quatre pattes au cours de sa prime enfance? Jusqu'à quel point «aidons-nous» la mère, ou lui «nuisons-nous» lorsqu'elle tente, par exemple, d'enseigner le détachement à ses chiots? À ce moment-là, plusieurs pensent que la mère rejette ses chiots, qu'elle les abandonne ou pire, qu'elle les renie, alors qu'elle les initie simplement aux choses de la vie… canine!

Voyons ce qu'en disent des spécialistes estimés: «Nous les amenons alors à s'attacher à nous… Très souvent, certains vendeurs de chiens isolent les chiots de façon qu'ils manifestent un fort attachement dès qu'ils voient un humain. Il faut se méfier de ces chiots. On les préfère parce qu'ils montrent déjà des manifestations d'hyper-attachement qui nous flattent, mais en réalité, ils montrent déjà un trouble de l'ontogenèse[42] affective. Ce sont des chiens qui ont été imprégnés par l'homme trop précocement sans avoir connu l'empreinte de leur espèce. Ils manifesteront plus tard des phobies sociales ou d'objets, deviendront agressifs par

---

42. Processus par lequel l'individu se développe jusqu'à l'état adulte.

crainte, auront des troubles de la socialisation, voire des troubles de la sexualité, comme ces animaux qui ne peuvent saillir que la jambe de leur propriétaire et qui mordent les congénères qui les approchent[43]. »

À l'instar de ce qu'ont permis les «chuchoteurs» avec les chevaux, nous devons remettre en question nos attentes par rapport à l'espèce, attentes qui trop souvent empêchent une relation de s'exercer dans les deux sens. Ces chuchoteurs, de plus en plus en vogue actuellement, tant en Amérique qu'en Europe, se sont penchés sur l'apprivoisement des chevaux; afin de les amener à vouloir collaborer avec les hommes, ils ont instauré l'amitié inter-espèces.

Les premières étapes à franchir visent à se connecter (*hooking on*) et à établir un lien privilégié entre l'homme et le cheval (*bonding*), ce qui prend un certain temps, parfois plusieurs jours. Participer (*joining up*) signifie adopter une attitude intérieure qui incite le cheval à s'approcher de l'homme. En établissant une attitude d'écoute et de confiance intime avec les chiens, il nous est aussi possible de nouer avec eux un rapport excluant la mésentente.

Pour Monty Roberts[44], l'un des plus réputés chuchoteurs, le consentement de l'autre est essentiel. Il s'agit d'un rapprochement entre l'homme et l'animal favorisé par une attitude intérieure particulière, un contact des yeux et un certain toucher. Monty Roberts a même fini par inventer un langage, l'*Equus*, une sorte de codification de la technique du chuchotement. Ce langage rappelle la

---

43. *La plus belle histoire des animaux*, Pascal Pick, Jean-Pierre Digard, Boris Cyrulnik et Karine Lou Matignon, Éditions du Seuil, avril 2000.
44. Monty Roberts, *The Man Who Listens to Horses,* Grande-Bretagne, 1996.

gestuelle des sourds-muets. Elle est suggestive, gracieuse et connue des deux interlocuteurs.

Et voici que nous revenons à Roger Fouts et à ses chimpanzés à qui on a enseigné le langage des signes ! Nous revenons à cette fameuse grammaire universelle, héritage de nos ancêtres, et preuve incontestable de notre parenté avec les autres animaux.

Pour leur part, les moines de New Skete[45] ont réfléchi à ces questions, à nos attitudes envers les chiens et à ce que signifie être un humain dans un monde où vivent des animaux. Pour répondre à leurs interrogations, ils ont intégré l'élevage de chiens dans leur pratique spirituelle, transformant du même coup notre compréhension du monde et des êtres qui y évoluent. Leurs rapports aux chiens nourrissent leurs réflexions sur leurs façons de voir l'existence. Ils affirment que « comprendre est la clé de la communication et de la compassion avec le chien ».

Revenons sur le taï chi, cet art millénaire chinois développé par Hua Tuo environ cent ans avant Jésus-Christ, qui propose un ensemble de mouvements destinés à prolonger la vie. Ces mouvements, le père de la chirurgie chinoise les a mis au point après avoir étudié la gestuelle des animaux. C'est pourquoi certaines positions portent le nom de bêtes comme l'aigle, le chat ou l'ours. De quoi s'agit-il ? D'une gestuelle, d'une attitude intérieure, de quelques sons, pas vraiment des mots. Voilà qui nous rapproche du langage animal ! Presque comme le nôtre, sauf que nous ne pouvons plus, aujourd'hui, nous passer de mots. Mais essayez donc, alors que vous êtes seul avec votre chien, d'avoir des interactions

---

45. *How To Be Your Dog's Best Friend*, The Monks of New Skete, Brown and Co., 1978.

dans le silence. Seulement pendant quelques instants. À la limite, vous pourriez utiliser un ou deux sons comme un sifflement ou un « Bon chien » chuchoté très bas. Nous n'avons pas besoin de plus pour nous comprendre. Même entre humains, c'est une expérience en soi. Essayez avec votre compagnon de vie ou avec quelqu'un d'autre. Disons pendant une heure. Et maintenez vos interactions actives pendant tout ce temps ; il ne sert à rien de faire cet exercice en lisant chacun de son côté ! Je suis toujours émerveillé de constater à quel point on peut se comprendre quand même. À quel point on cesse de s'interrompre lorsqu'on se met à l'écoute de l'autre. Le bavardage s'arrête. Chacun prend plus de place pour s'exprimer. Et on se rend compte qu'à ne rien se dire, on se comprend souvent mieux ! En fait, c'est comme réapprendre à communiquer. Car, évidemment, l'exercice ne vise pas à interrompre la communication : il nous permet au contraire de l'améliorer, en stimulant une écoute plus active.

Comprendre, c'est permettre l'expression.

Les récentes découvertes, nos changements de perception devant certaines réalités animales et la pleine reconnaissance de ce qu'elles sont véritablement, combinés à la connaissance de soi, permettent une intimité encore plus bénéfique entre le chien et nous.

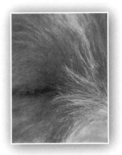

Chapitre 12

....

Votre chien, vous-même

« P our l'homme de la Préhistoire ou pour celui de l'Antiquité,
l'animal est un être mystérieux doué de connaissances et de
pouvoirs redoutables, une créature qu'ils savent antérieure
et même supérieure à eux. Les animaux ont beaucoup de choses
à nous apprendre sur nous-mêmes ; les respecter équivaut à respecter notre propre besoin d'équilibre, en même temps que notre
épanouissement[46]. »

Ces mots de Picard et Vidal nous démontrent que les éthologues ne nous facilitent pas seulement la compréhension et l'accès

---

46. *L'animal spirituel*, Marie-Amélie Picard et Gilles Vidal, Éd. Montorgueil,
1994.

au fonctionnement de différentes espèces et à leur monde; leurs découvertes et leurs réflexions nous ramènent à quelques grands courants philosophiques. Leur manière naturaliste de voir la vie, la vie comme matière et non pas comme une abstraction qui trop souvent nous échappe, nous offre l'occasion de nous rallier à quelque chose de concret. Le sentiment de vivre devient alors palpable, réel. Nous nous sentons tout à coup liés à quelque chose qui pourrait avoir des apparences d'authenticité. L'essentiel est dorénavant à notre portée. Paradoxalement, ce sentiment d'avoir enfin prise sur la Vie nous ouvre aussi d'autres dimensions d'apparence parfois plus éthérée; certaines notions telles l'énergie, la force de l'esprit, ou même l'amour, s'en trouvent éclairées. Les concepts théoriques font place aux états d'être. À l'aube du troisième millénaire que nous entamons, il apparaît que pour l'être humain, résister à la reconnaissance de notre appartenance au monde des animaux, un monde qui nous rassure et nous effraie à la fois, mais qui nous exerce à vivre, c'est s'empêcher de se réaliser pleinement, c'est appauvrir la nature tout entière et fuir la plus authentique invitation à une existence fondée sur l'intégrité. Cette ouverture à la vie me semble essentielle si nous désirons entrevoir les possibilités infinies qui s'y cachent. Et si nous voulons remettre la technologie et ses artifices à la place qui leur revient: celle d'outils et d'instruments, non pas celle d'un axe de vie. Une fois imprégnés de cet état d'être, je crois que nous pourrons mieux apprendre. Le chien, les animaux, mais aussi la forêt et la rivière qui réussissent parfois à nous combler d'un calme et d'une sérénité presque déroutants tellement ils se font rares dans nos vies actuelles. Parce que partout et à travers tout, nous pouvons apprendre. Et sans cesse, ce que nous apprenons nous révèle invariablement à nous-mêmes.

Petit guide pratique pour une relation homme/chien réussie

Le maître, un pédagogue

Cultiver une attitude de «bon pédagogue» est chose facile pour une personne qui désire réellement que son élève évolue de manière adéquate. Nous chercherons donc à éviter les fautes du «mauvais pédagogue»: les exigences trop élevées stimulent l'impatience, le découragement entraîne l'abandon, et le désintéressement provoque une irrégularité dans l'application de la méthode. En retenant ce qu'il nous faut éviter, nous obtenons les trois clés essentielles à la réussite de notre entreprise.

Les trois clés

La constance, l'intention, l'attitude.

Faire preuve de constance, c'est adopter un langage que devraient employer tous les membres de la nouvelle meute humaine entourant le chien, c'est utiliser les mêmes mots, réagir de façon identique dans des situations semblables et s'efforcer de faire respecter les mêmes lois.

Aller au bout de son intention au cours de chaque session est primordial si on veut que le chien ne soit pas abandonné à lui-même durant l'exercice, ce qui aurait pour effet de le placer devant le choix suivant, celui d'obéir ou celui de désobéir. Il importe de toujours terminer une session de travail sur un succès.

De plus, nous devrions cultiver une attitude dépourvue d'émotions négatives : rappelons-nous qu'il s'agit simplement « d'aider » un sujet canin à évoluer dans la société humaine !

Timbre de voix et intonation

Même si le chien ne parle pas notre langue, il nous faut trouver une façon claire de nous adresser à lui. Pour ce faire, nous n'utiliserons que les mots nécessaires à exprimer notre demande au moment où nous désirons la lui adresser, rien de plus. En somme, nous choisirons les mots avec lesquels nous aimerions qu'il fasse une association. Nous ferons surtout appel à des sons et soignerons particulièrement l'intonation de notre voix. La voix haute (aiguë ou encore chuchotée) servira à lui signifier tout ce qui est positif ; félicitations, proposition de jeux, etc.

Une voix plus grave servira à lui exprimer notre désaccord. En fait, l'idéal serait de « grogner » notre désaccord ; un « Hé ! » exprimé à l'aide d'un grognement sera clair et sans équivoque.

Une voix neutre sera utilisée pour les demandes. Jamais nous ne devrions grogner ni crier une demande ; le chien n'y verrait qu'inconstance et confusion.

Augmenter le volume n'est d'aucune utilité ; le chien a une ouïe excellente !

Méthode

Dans les exemples qui suivent, jamais on ne « commande » une action pour l'enseigner. Il ne faut jamais contraindre l'animal à venir ou à s'asseoir en le forçant, ce qui serait pour lui source de désagrément, souvent même une occasion de stress. Nous n'exprimerons pas non plus notre demande par un mot qu'il ne comprend pas, et surtout pas en criant ce mot ; nous éviterons ainsi toute incompréhension ou confusion. Nous profiterons, pour ainsi dire, de ce que le chien sait déjà faire par lui-même.

Nous allons donc nommer l'action, tout simplement, et de façon répétitive, alors qu'elle survient lorsqu'il l'adopte spontanément. Mon chien s'assied ? Aussitôt, je lui dis « Assis, assis, assis, assis », tant et aussi longtemps qu'il se tient dans cette position, et je le récompense.

Nous « travaillerons » ainsi un comportement pendant au moins quatre minutes, pas plus de cinq. Cette technique vise à obtenir une quantité significative de répétitions afin qu'il y ait association, tout en ne dépassant pas une durée au-delà de laquelle l'organisme du chien n'enregistrerait plus les informations. En d'autres mots, nous cherchons à éviter la perte d'intérêt. La première fois, nous faisons appel à sa mémoire à court terme. De manière à ancrer plus profondément cet apprentissage, nous reprendrons le manège deux à trois fois par jour ; nous voilà maintenant en train d'inscrire l'information dans sa mémoire à long terme.

Après trois jours (donc après neuf séances), nous pourrons commencer à utiliser le mot avant l'action, comme si nous la commandions. Mais « comme si » seulement. En aucun temps il ne faudra perdre de vue que nous sommes en train d'enseigner, et non pas d'exiger. Et nous continuerons toujours à répéter le mot pendant que l'action se produit et tant et aussi longtemps qu'elle dure. Dès que le chien change de position, il faut cesser de répéter. Il est possible de nommer ce changement de position en lui disant, par exemple : « C'est fini ! »

Au bout de six jours, la période d'enseignement sera terminée et nous devrons cesser de répéter le mot. La septième journée, nous ne dirons le mot qu'une seule fois, accompagné du geste (que nous verrons plus loin), c'est-à-dire que nous lui exprimerons effectivement une demande : « Pitou… Assis » (le chien s'assied)… « Bon chien ! »

Il ne sera plus nécessaire de lui offrir une récompense chaque fois. En fait, il serait préférable de réduire les récompenses de manière progressive afin de les distribuer de façon irrégulière (programme à proposition fixe au début et à proposition variable ensuite). Au besoin, nous les utiliserons afin de raviver l'intérêt du chien de manière à entretenir une obéissance satisfaisante en toute occasion.

Nous pouvons appliquer cette façon de faire pour presque toutes les commandes que nous désirons enseigner au chien.

Ici-maintenant

Le chien vit dans l'ici-maintenant. Tous l'ont entendu dire pour l'apprentissage à la propreté : il nous faut prendre le chien en pleine action, sur le fait, comme on dit. Il ne sert à rien de le punir pour un pipi que nous apercevons en soirée, alors que le chien l'a probablement fait le matin. J'entends ici l'habituel commentaire : « Oui, mais s'il a éliminé en mon absence, il a l'air piteux quand je reviens à la maison. Il sait qu'il a mal fait ! » Non. Il a plutôt fait une association qui s'inscrit dans un contexte d'immédiateté. « Mon maître arrive et il y a du pipi : je vais me faire punir ! » Un autre chien aurait uriné sur votre plancher une journée où le vôtre n'a pas éliminé… que le vôtre aurait le même air piteux à votre retour : « Il y a du pipi sur le plancher, alors que mon maître arrive, je vais me faire punir ! » Le chiot ne peut faire le lien entre ce pipi et le moment où il a été fait, ni celui qui l'a fait. Toujours, l'ici-maintenant. Voilà un concept zen que les moines bouddhistes essaient de nous faire comprendre depuis des millénaires… Le chien peut, si on se donne la peine de bien l'observer, nous rappeler la réalité de ce principe tous les jours !

Prenons un autre exemple que celui de la propreté pour illustrer l'ici-maintenant du chien : Je ne veux pas que mon chien monte sur le fauteuil. J'entre dans le salon et il s'y trouve ! Je me fâche : « Descends tout de suite ! » Le lendemain, j'entre dans le salon, il s'y trouve encore ! Je me fâche de plus belle : « Qu'est-ce que je t'ai dit ? Descends de là tout de suite ! » Troisième journée, même scénario. Le quatrième jour, j'entre dans le salon, le chien me voit et descend… « Mauvais chien, qu'est-ce que tu faisais là ? »

Que se passera-t-il ? Évidemment que le chien sera confus. Il croit avoir bien fait en descendant du fauteuil. Il aurait dû être

félicité. Pourquoi? Parce que c'est exactement ce que je lui enseigne depuis trois jours : descendre du fauteuil au moment où j'entre
dans le salon. C'est ce qu'il a fait… à la perfection ! Lui avons-
nous enseigné à ne pas monter? Non. Comment le lui enseigner?
Pendant qu'il monte. Pendant l'action. Ici-maintenant… Pas une
heure plus tard, ni même une minute plus tard ! S'il est conforta-
blement installé sur le fauteuil, il est trop tard…

Évidemment, il est difficile de toujours le prendre sur le fait.
Nous tenterons donc de simuler la mauvaise action, afin de lui
apprendre à ne plus la commettre. Réservons-nous cinq minutes pour faire ce travail de manière adéquate et lançons ses jouets
sur le fauteuil… ou des biscuits. S'il essaie de monter, il faut
l'en empêcher tout en émettant un petit grognement, peut-être
même en l'empêchant physiquement, par une légère bousculade.
Nous devons aussi lancer ses jouets (ou biscuits) sur le sol, et
les lui laisser prendre. Le chien comprendra très rapidement que
le problème posé ne consiste pas à prendre ou à ne pas prendre
les jouets ou les biscuits, mais à distinguer l'endroit où ils se trouvent. Sur le fauteuil, c'est interdit, sur la table aussi. Par terre, c'est
permis. S'il cesse de monter, même quand vous lancez des objets
sur le fauteuil, bien sûr, vous vous empresserez de le féliciter chaleureusement de son comportement. Nous n'avons pas plus d'une
demi-seconde pour le récompenser ensuite. Voilà pourquoi je
parle d'ici-maintenant. Le chien saute sur nous ou sur le rebord
du comptoir : notre « Hé ! » grogné doit arriver dans la demi-
seconde. Il retourne au sol : notre « Bon chien ! », émis à voix haute
et aiguë, doit aussi être prononcé dans la demi-seconde suivant
l'action.

Leadership

Pour un chiot, de prime abord, tous les sujets adultes d'une meute sont des leaders… jusqu'à ce qu'il commence à les contester ! Il le fera, s'il le peut, dès qu'il constatera vos failles en matière de leadership. Voici quelques exemples de failles fréquentes :

Votre inconstance (si vous n'êtes pas constant, il ne pourra pas le devenir) ;

Votre abandon d'une demande (vous devez absolument aller au bout de votre intention) ;

Votre laxisme, ne vous laissez pas mordiller ou n'agissez pas de façon que le chiot croit que c'est un jeu ;

Votre manque de leadership ; ne le laissez pas marcher devant vous (il croira qu'il dirige) ; ne le laissez pas passer les seuils de porte en premier (ce n'est donc pas lui qui «voit tout» en premier) ;

Votre mollesse ; ne lui donnez pas biscuits ou caresses sur demande (son pouvoir décisionnel serait effectif) ;

Votre docilité ; ne le sortez pas quand il aboie (idem) ;

Votre méconnaissance de la hiérarchie ; ne le nourrissez pas avant vous (les chefs ont les meilleurs morceaux et mangent en premier) ;

Votre excès de tolérance ; ne lui laissez pas l'accès à tous les lieux, meubles compris (le chef se promène où bon lui semble) ;

Votre excès d'égards ; ne le contournez pas de crainte de le déranger (il obtient un privilège) ;

Vos preuves de soumission à son endroit ; ne le laissez pas s'étendre dans les lieux passants (il contrôle les allées et venues) ;

Et de nombreuses autres situations, vous aurez compris que cette liste peut s'allonger.

C'est à travers une foule de petits rituels semblables que nous affirmerons (ou n'affirmerons pas) notre leadership. En fait, ce sont les décisions que nous prendrons quotidiennement qui détermineront la qualité de notre relation hiérarchique avec l'animal. J'appelle cette période l'apprivoisement mutuel. C'est principalement par cette voie que nous « ferons » notre chien : en établissant une relation qui soit hiérarchique, mais non dépourvue d'amitié. L'obéissance est un outil, pas un but en soi.

Interdictions et réorientation de comportements

Il y a bon nombre d'interdits à enseigner à un chiot ou à un chien adulte qui arrive dans une maison : ne pas mordiller les fils électriques ou ceux du téléphone, ne pas toucher les chaussures, les papiers mouchoirs, ne pas mordiller les membres de la meute humaine, ne pas mâchonner d'autres objets que ceux auxquels il a droit, etc. Afin d'éviter d'avoir à dire « Non ! » pour chacune de ces situations et en arriver à sur-utiliser ce mot, grognons ! La consigne « Non ! » ne devrait servir qu'à prévenir le chien d'une mauvaise action qu'il est à la veille de commettre. Encore ici, nous nous réserverons des petites périodes de cinq minutes afin d'enseigner les interdits au lieu d'attendre que notre chien commette un acte répréhensible pendant que nous avons le dos tourné, ce qui risque de nous rendre impatient et nous faire rater une belle occasion d'enseignement adéquat. Par exemple, placez un jouet appartenant au chien et un objet interdit sur le sol. Si le chien prend son jouet, félicitez-le aussitôt. Si, par contre, il prend l'objet interdit, grognez ! Faites-en un jeu. Vous verrez avec quelle rapidité le chien comprendra cette simple consigne.

Pour les mordillements, provoquons-les en jouant avec le chiot. Dès qu'il mordille nos doigts ou nos mains, il suffit d'exprimer notre douleur, comme l'auraient fait ses frères et sœurs dans la portée. Un petit « Aïe ! » bien retentissant devrait suffire à l'interrompre. Profitons de cette trêve pour le féliciter. Il recommence à mordiller, répétons notre « Aïe ! ». Au pire, nous pourrons le bousculer au moment d'exprimer notre douleur.

Nous pourrons aussi avoir l'air fâché, mais sans réel investissement émotif, ce qui nous aidera à appliquer le renforcement positif qui doit arriver dans la demi-seconde — avec toute la joie qui l'accompagne — dès que le chiot aura cessé de mordiller.

Cordon ombilical 1

Le nom de l'exercice nous indique bien de quoi il s'agit ; établir un lien entre l'animal et nous. Le cordon ombilical nous permet de créer une relation de confiance tout en établissant un rapport hiérarchique. Nous stimulerons grâce à cet exercice au moins trois aptitudes de notre chien[47] :
• Suivre le meneur ;
• Se montrer attentif ;
• Respecter le pouvoir décisionnel du meneur.
Nous utiliserons une longe grosse comme un lacet de chaussure (adaptée à la race) et longue d'environ 2 à 2,50 m. Nous attachons cette longe à son collier (un collier ordinaire évidemment ;

---

47. Ce travail de base s'inspire de L'Approche dynamique du dirigeant canin, proposée par M. Luc Campbell, président-fondateur de la Certification Cyno-professionnelle Canadienne Ltée.

l'étrangleur pourrait avoir ici des conséquences traumatiques, et on ne veut en aucun cas contraindre l'animal et encore moins le punir, mais au contraire le motiver), et nous l'amenons à nous suivre, tout simplement. Partout où nous allons dans la maison, il nous suit. Il est toujours derrière, il n'est jamais devant. Nous le motivons en émettant toutes sortes de petits sons (bruits de la tétée, halètements), ou des sons prononcés à l'aide d'une voix aiguë, suivis de fréquents « Bon chien », lorsqu'il suit bien. Nous n'utiliserons pas le mot « Viens » dans cet exercice, puisqu'il servira plus tard à une demande précise.

N'oubliez pas, le chien doit toujours être derrière vous et, s'il advenait qu'il prenne les devants, faites aussitôt demi-tour (180 degrés) tout en continuant de marcher. Il se retrouvera de nouveau derrière vous. À force de toujours se retrouver là où il le faut (derrière vous), le chiot comprendra progressivement que sa place n'est pas celle du meneur dans votre relation. Lorsque vous devez faire demi-tour, essayez de le faire en tournant du côté opposé au chien : s'il vous dépasse par la gauche, tournez vers la droite et vice versa. On répétera ce manège deux à trois fois par jour, à raison de cinq à six minutes chaque fois, tant et aussi longtemps que l'exercice ne sera pas bien assimilé. Tous les membres de votre famille peuvent y participer (chacun son tour !). Le leadership se développera ainsi chez tout le monde et plus personne ne pourra se vanter d'être le meilleur ! Une seule règle d'or : ne jamais réprimander l'animal. Évitez les « Non », les grognements et les gestes d'impatience. Au contraire, dites : « Bon chien ! » chaque fois qu'il trottine derrière vous.

Obéissance pour chiots et chiens adultes

Viens

Voici un exemple de message naturel qui stimule une action donnée, qu'on peut transformer en message culturel dans le but d'enseigner un comportement :

Nous appelons le chiot avec des sons qu'il reconnaîtra : bruits de la tétée, halètements, etc. Nous nous adressons ici au système limbique de l'animal[48]. Dès que le chiot se déplace vers nous, ces sons seront remplacés par un mot que nous répéterons sans cesse pendant l'action, en l'occurrence « Viens », afin de créer une association entre ce mot et l'action. Dès qu'il arrive, nous le félicitons : « Bon chien ». Jamais, donc, lors de la période d'enseignement, nous n'utiliserons le mot « Viens » avant le déplacement. Ce serait faire au chiot une demande qu'il ne connaît pas.

Stimulus du maître : sons de base ;

Action du chien : déplacement vers nous ;

Enseignement du maître : le mot « Viens » répété sans cesse pendant l'action ;

Renforcement du maître : récompense dès que le chien arrive.

On peut, si le chien connaît déjà la commande assis, le faire asseoir à l'arrivée seulement à l'aide du geste de la main avant de le féliciter et de le récompenser. Il apprendra alors que « Viens » signifie à la fois venir vers nous et s'asseoir devant nous. Nous travaillerons cet exercice pendant dix à quinze jours durant lesquels

---

48. Structures situées sous le cortex cérébral, jouant un rôle sensoriel et comportemental intervenant dans la mémoire.

jamais nous ne demanderons effectivement à notre chien de venir à nous. Ce n'est qu'après la période d'enseignement que nous songerons à « essayer » la demande : dans une situation où nous sommes à peu près certain que le chien viendra à nous si la demande lui est faite, nous le regarderons et lui dirons « Viens ». S'il vient à nous et s'assoit, nous le féliciterons chaleureusement.

Jamais, au grand jamais, vous ne demanderez à votre chien de venir à vous pour le réprimander pour quelque raison que ce soit. Vous briseriez ainsi l'efficacité de la demande « Viens ».

Assis

Le stimulus peut être la main (le chiot voudra la sentir). Une récompense gustative dans la main peut aussi servir de stimulus. Il s'agit d'approcher la main du museau de l'animal et de la lever lentement au-dessus de sa tête jusqu'à ce qu'il se retrouve en position assise. Dès que l'action est accomplie, on la nomme à répétition tout en offrant la récompense (caresses ou friandise et « Bon chien ! »). S'il change de position, il faut immédiatement cesser de répéter le mot assis et lancer un joyeux « C'est fini ! ».

Stimulus du maître : main ou aliment ;

Action du chien : il s'assoit ;

Enseignement du maître : le mot « Assis » répété de neuf à douze fois pendant l'action ;

Renforcement du chien : récompense dès que le chien est assis.

Attention de ne pas lever la main trop haut, le chien tenterait alors de sauter pour obtenir la récompense.

Couche

La main avec une récompense peut encore servir de stimulus. On l'approche du museau de l'animal et on descend lentement la main jusqu'au sol, entre ses pattes de devant, jusqu'à ce qu'il se retrouve en position couchée. Dès que l'action est accomplie, on la nomme à répétition tout en offrant la récompense (caresses ou friandise et « Bon chien ! »). Comme pour le « Assis », si le chien bouge, on lui dit « C'est fini ! » en prenant une voix haute et enjouée.

Stimulus du maître : main ou aliment ;

Action du chien : il se couche ;

Enseignement du maître : le mot « Couche » répété de neuf à douze fois pendant l'action ;

Renforcement du maître : récompense dès que le chien est couché.

Reste

Ne pas bouger du tout est un exercice que certains chiens peuvent difficilement accomplir. Prenons notre temps et allons-y progressivement, en respectant les limites du chien de façon à ne pas le désintéresser. Afin d'enseigner cette commande bien pratique dans plusieurs situations, le chien devra bien connaître le « Assis » et le « Couche ». Vous devez lui enseigner cette demande dans un endroit calme où rien ne peut le distraire. Tant que le chien n'aura pas saisi l'objet de l'exercice, vous travaillerez dans ce même environnement. De plus, enseigner le « Reste » de la manière suggérée ici est un des exercices les plus utiles à votre compréhension d'un type d'enseignement par lequel on valide uniquement les succès sans intervenir sur les échecs (le chien apprend à ne reproduire que les bons comportements, alors que ceux qui n'ont pas été renforcés disparaissent d'eux-mêmes — phénomène d'extinction). Dans le but d'en faciliter la compréhension, j'appelle cette technique « l'apprentissage par validation ». En fait, l'expression juste en termes de conditionnement serait « apprentissage discriminatif ».

Faites asseoir le chien, mais seulement à l'aide du geste approprié (la main allant de bas en haut, paume vers le haut). Il sera préférable de ne pas utiliser d'autres mots que celui que nous désirons enseigner (ici : « Reste »), l'association se fera ainsi plus facilement si le chien n'a à se concentrer que sur l'assimilation d'un seul son. Fido est toujours assis ? Bien. Placez-vous debout devant lui et en plaçant votre paume face à son visage, prononcez le mot « Reste ». Félicitez-le s'il ne bouge pas. Tentez quelques pas vers la gauche et vers la droite tout en demeurant devant votre chien et en répétant le mot « Reste », accompagné du geste de la main. Félicitez-le s'il n'a pas bougé et récompensez-le. Voilà !

C'est une première étape. Reprenez l'exercice en tentant de faire quelques pas de plus vers la gauche et vers la droite. Si jamais le chien bouge, ne dites rien, retournez à lui sans le regarder directement, replacez-le en position assise exactement au même endroit, dans le même angle et recommencez. Cette fois, vous ferez attention à ne pas dépasser ses limites inutilement. Nous ne voulons pas d'échecs, seulement des succès ; c'est là notre responsabilité. Notre niveau d'exigence doit s'adapter aux capacités de notre chien. Nous reprendrons cette séquence en augmentant progressivement l'ampleur de nos déplacements jusqu'à ce que nous puissions dessiner un cercle complet autour du chien. C'est l'étape la plus difficile. Lorsqu'il réussira à ne pas bouger alors que vous tournez autour, vous verrez à quel point il est facile de s'éloigner en reculant, de s'éloigner et de disparaître (derrière un coin de mur, une porte) quelques secondes seulement, de s'éloigner en lui tournant le dos, etc. Soyez précis et respectez ses limites. Pour mettre fin à l'exercice et «libérer» le chien, dites-lui encore une fois: «C'est fini!»

Note: on a vu plus tôt que le chien pouvait capter aisément nos sentiments. Vous constaterez dans cet exercice que si vous êtes peu sûr de vous-même et que vous travaillez avec beaucoup d'hésitation, le chien bougera souvent. Mais si, au contraire, vous démontrez une belle assurance et que vous avez confiance en ce que votre chien peut accomplir, vous obtiendrez une collaboration déroutante.

Cordon ombilical 2

Cette fois, comme l'exercice du Cordon 1 est parfaitement maîtrisé à l'intérieur, nous le reprendrons à l'extérieur… vous verrez que c'est une tout autre histoire! D'abord, encore ici, pensez à votre niveau d'exigence. Vous devez commencer dans un endroit calme ou encore à une heure où il n'y a pas de distractions. Votre cordon aura 5 m. Contrairement au cordon ombilical du premier exercice, où vous étiez toujours en mouvement, vous ferez des pauses. Partez dans la direction que vous choisissez jusqu'à ce que la laisse devienne tendue. Attention de ne pas provoquer une traction trop subite ni trop intense et arrêtez-vous. Restez sur place et, si le chien vient à vous, félicitez-le chaleureusement. Repartez dans une autre direction. Même jeu. Si le chien préfère aller ailleurs, optez immédiatement pour la direction opposée, jusqu'à ce que la laisse se tende, et attendez. Il vient à vous? «Bon chien!» S'il ne vient pas, repartez dans une autre direction. Ainsi de suite pendant huit à dix minutes.

Note: Les deux variantes du cordon ombilical ne sont pas de la marche au pied. Je le mentionne afin que vous n'attendiez pas de votre chien qu'il comprenne les exigences propres à la marche au pied, alors que vous lui enseignez autre chose. La marche au pied n'est pas ce que vous être en train de lui enseigner, même si les exercices du cordon ombilical sont d'excellents exercices préparatoires pour ce faire.

C'est fini!

Nous n'avons vu ici que quelques notions visant à vous faciliter le travail. Ce petit guide pratique se veut une introduction, une initiation à un travail de nature différente. Il existe évidemment d'autres façons de procéder. J'en ai parlé au début de cet ouvrage, une multitude de techniques et d'approches fascinantes ont vu le jour ces dernières années. Je pense entre autres à la technique de l'entraînement au *clicker*, pour ne nommer que celle-là, avec laquelle on obtient des résultats incroyables. Faites-en l'essai, des séminaires de toutes sortes sont maintenant offerts un peu partout. Et je ne vous parle pas de toutes ces autres activités plus sportives comme l'agilité, le *fly ball* ou le *ski joring*, et j'en passe, qui sont des sports que nos chiens adorent pratiquer et, qui plus est, contribuent de façon marquée à leur santé physique et mentale.

Modifier nos façons de faire ou de penser n'est pas toujours évident. De nos jours, il existe une quantité incroyable de forums de discussions sur Internet où vous pouvez échanger des idées avec des gens qui comme vous cherchent à améliorer leur relation avec un chien. N'hésitez pas à y avoir recours.

Un dernier détail : si jamais on vous fait la remarque que vous n'êtes pas assez « ferme » avec votre chien, dites-vous bien ceci : la fermeté réside en votre confiance en vous et en votre chien, et en ce que vous sentez que vous pouvez accomplir ensemble. Soyez calme, posé et précis. Un chien ne pourra jamais devenir plus précis que son maître ! Si toutefois il vous arrivait de vous impatienter, de vous emporter, ne vous en faites pas : après tout, nous ne sommes que des humains ! Cessez aussitôt le travail et offrez-vous une petite pause… le temps de réfléchir à l'erreur que vous avez commise, le temps de vous la pardonner.

Surtout, amusez-vous… **comme un chien !**

Remerciements

'abord et avant tout : aux chiens que j'ai côtoyés de près : Candy et les chiots de ses deux portées, L'Oublié, Wilbrod, Henri et Dali, merci pour votre amitié.

Aux innombrables chiens qui m'ont permis de les observer, de les questionner, de les provoquer parfois, merci humblement.

À Luc Campbell qui a guidé mes premiers pas dans l'univers des chiens, merci.

À Georges-Henri Arenstein, sans qui ce livre n'aurait pas été le même, mille mercis.

À Joël Dehasse, pour sa générosité et son acharnement à diffuser ce qu'il sait et enseigne si efficacement, merci.

À Danielle Cloutier, pour son souci du détail et des choses bien faites, merci.

À Rachel Fontaine, réviseur linguistique chez Le Jour éditeur, qui a été une collaboratrice « virtuelle » sans pareille, une « bonificatrice » hors pair, merci.

À ma meute directe, pour sa cohésion et ses encouragements, Claude, Janine, Michèle et Roch, merci.

À mes autres meutes, d'amis, de collègues et de collaborateurs… pour leur soutien incessant et leur confiance, Marie Claude, Lorraine, Guylaine, Pascale, Michel, Éric, Richard, Renée et Todd, merci.

L'auteur

Jean Lessard est éducateur canin. Outre les conférences qu'il prononce sur le sujet, il est journaliste et tient régulièrement des chroniques en éducation canine dans des magazines, à la radio et à la télévision.

Cofondateur de La compagnie du chien, il dirige les *Chienposiums* (symposiums annuels sur l'obéissance et le comportement canin). Il est cofondateur de La Société des chiens et des hommes, groupe de concertation visant la prévention des morsures.

Affilié à l'Hôpital vétérinaire Rive-Sud, il offre des consultations privées, des cours de groupe et des séminaires.

M. Lessard est diplômé de la Certification Cyno-Professionnelle Canadienne Ltée et membre de la Canadian Association of Professional Pet Dog Trainers (CAPPDT).

Le réviseur

M. Georges-Henri Arenstein est membre de l'Ordre des psychologues du Québec depuis 1972. Il fait des expertises psycholégales pour la Cour supérieure et le Tribunal de la jeunesse. Depuis 1976, il enseigne également à l'Université du Québec à Montréal à titre de chargé de cours. Il est psychothérapeute en pratique privée et anime des ateliers, destinés à tous, portant sur les émotions et la communication. Depuis 1997, année de naissance de sa chienne Daisy, M. Arenstein s'est formé en zoothérapie. Il donne des conférences et des ateliers portant plus particulièrement sur la qualité de la relation homme/chien.

Le préfacier

Le Dr Joël Dehasse est médecin vétérinaire spécialisé en comportement et en psychologie des animaux familiers. Conférencier international, il est le fondateur et le président de la European Society of Veterinary Clinical Ethology ainsi que du Groupe belge d'Étude et de Recherche en Comportement des animaux de compagnie et vice-président du Groupe français du Comportement des animaux familiers. Il a publié de nombreux livres chez Le Jour éditeur, dont il dirige la collection *Mon chien de compagnie*.

www.jeanlessard.com

Table des matières

Cet ouvrage a été achevé d'imprimer
au Canada en juin 2002.

BATMAN

JOKER'S ASYLUM

VOLUME 2

THE MAD HATTER IN
TEA TIME
Landry Quinn Walker WRITER

Keith Giffen
& Bill Sienkiewicz ARTISTS

David Baron COLORIST

HARLEY QUINN IN
THE MOST IMPORTANT
DAY OF THE YEAR
James Patrick WRITER

Joe Quinones ARTIST

Alex Sinclair COLORIST

THE RIDDLER IN
THE HOUSE THE CARDS BUILT
Peter Calloway WRITER

Andres Guinaldo PENCILLER

Raul Fernandez INKER

Tomeu Morey COLORIST

KILLER CROC IN
BEAUTY AND THE BEAST
Mike Raicht WRITER

David Yardin & Cliff Richards ARTISTS

Jose Villarrubia COLORIST

CLAYFACE IN
MUDNIGHT MADNESS
Kevin Shinick WRITER

Kelley Jones ARTIST

Michelle Madsen COLORIST

Patrick Brosseau LETTERER

Ryan Sook COLLECTION COVER ARTIST

BATMAN CREATED BY **BOB KANE**

BATMAN

JOKER'S ASYLUM

VOLUME 2

MIKE MARTS MICHAEL SIGLAIN Editors-original series
JANELLE SIEGEL HARVEY RICHARDS Assistant Editors-original series
BOB HARRAS Group Editor-Collected Editions
ROBBIN BROSTERMAN Design Director-Books

DC COMICS
DIANE NELSON President
DAN DIDIO and **JIM LEE** Co-Publishers
GEOFF JOHNS Chief Creative Officer
PATRICK CALDON EVP-Finance and Administration
JOHN ROOD EVP-Sales, Marketing and Business Development
AMY GENKINS SVP-Business and Legal Affairs
STEVE ROTTERDAM SVP-Sales and Marketing
JOHN CUNNINGHAM VP-Marketing
TERRI CUNNINGHAM VP-Managing Editor
ALISON GILL VP-Manufacturing
DAVID HYDE VP-Publicity
SUE POHJA VP-Book Trade Sales
ALYSSE SOLL VP-Advertising and Custom Publishing
BOB WAYNE VP-Sales
MARK CHIARELLO Art Director

BATMAN: JOKER'S ASYLUM VOLUME TWO
Published by DC Comics. Cover, text and compilation
Copyright © 2011 DC Comics. All Rights Reserved.

Originally published in single magazine form as JOKER'S ASYLUM: MAD HATTER 1,
JOKER'S ASYLUM: HARLEY QUINN 1, JOKER'S ASYLUM: RIDDLER 1, JOKER'S ASYLUM: KILLER CROC 1,
JOKER'S ASYLUM: CLAYFACE 1 Copyright © 2010 DC Comics. All Rights Reserved. All characters,
their distinctive likenesses and related elements featured in this publication are trademarks
of DC Comics. The stories, characters and incidents featured in this publication are entirely
fictional. DC Comics does not read or accept unsolicited submissions of ideas, stories or artwork.

DC Comics, 1700 Broadway, New York, NY 10019
A Warner Bros. Entertainment Company
Printed by Quad/Graphics, Dubuque, IA, USA 12/15/10. First Printing.
ISBN: 978-1-4012-2980-1

ARKHAM ASYLUM FOR THE CRIMINALLY INSANE.

THE TIME HAS *COME.*

TO TALK OF *MANY* THINGS.

NOT OF SHOES *OR* SHIPS. OR SEALING WAX. NOT OF CABBAGES *OR* KINGS.

BUT ABOUT A KETTLE THAT'S *BOILING HOT.*

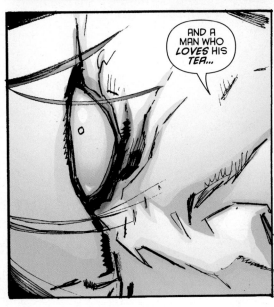

AND A MAN WHO *LOVES* HIS *TEA...*

I don't like being **alone**. I prefer the sound of **crowds** and the **comforting** presence of humanity.

And I like to be near her. She looks like my **Alice**. Though her hair is **too long**.

I come here **every day**, just looking for a **glimmer** of recognition, the **fleeting** touch of her hand on mine...and the **exquisite** bow of her smile.

It brings me **peace**. It helps me be **strong**.

I wonder what her **name** is. I want to ask. To get close...But...

I'm **not ready** yet. That part of my book...it doesn't come until **later**.

I mustn't skip ahead.

CATHRYN?!

THE LETTERS ARE ALL *WRONG!* THERE'S NO *L* FOLLOWING THE *A* AND NO *I* OR *E!*

AND *Y?!* HOW CAN ALICE BE SPELLED WITH A *Y?!*

HOW COULD SHE *DO* THIS TO *ME?*

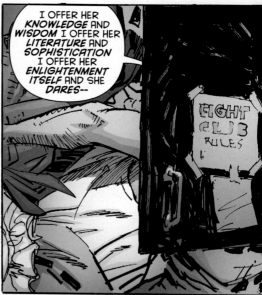

I OFFER HER *KNOWLEDGE* AND *WISDOM* I OFFER HER *LITERATURE* AND *SOPHISTICATION* I OFFER HER *ENLIGHTENMENT ITSELF* AND SHE *DARES--*

FIGHT CLUB RULES

I *THOUGHT* SHE WOULD BE MY *ALICE!* I *THOUGHT* I HAD FOUND PEACE BUT INSTEAD--

SHATTER

I've just thought of an **ending**. An ending for my **book**.

It's not the one I **hoped** for. But that's the way it **goes** with stories. They often take on a life of their **own**.

Sometimes they write themselves, and no matter **how hard** you **try** to...assert control, the story goes where the story goes where the story **goes**.

It's six o'clock.

Tea time.

I fill my cup.

I drink the tea.

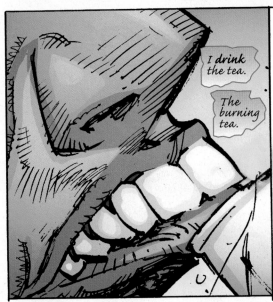

I drink the tea.

The burning tea.

I drink the tea.

Swirling churning yearning turning my identity.

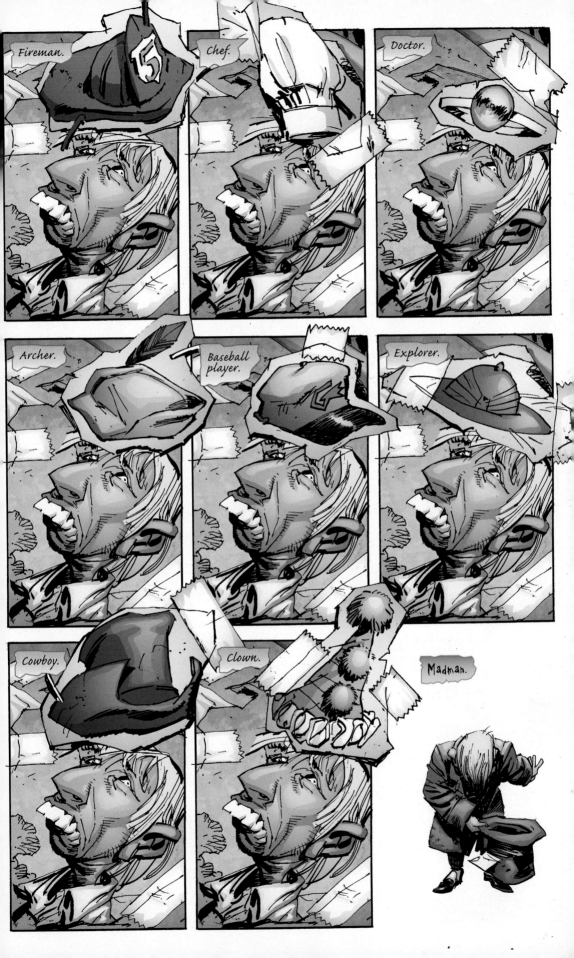

My role is cast. I am in the story now.

It's six o'clock.

And it's time for my monologue.

YOU SHOULD HAVE READ MY BOOK, YOU KNOW. THINGS WOULD HAVE BEEN *DIFFERENT* IF YOU HAD READ MY *BOOK.*

NOW I'VE WRITTEN AN *ENDING.* I THINK...I THINK I'M *READY* TO SHOW IT TO YOU.

THIS IS *US.* THIS IS *OUR STORY.* THIS IS HOW WE *END.*

IT IS A VERY *SAD* STORY.

FOR WE HAVE NO *WINE.*

AND YOUR HAIR...WANTS... *CUTTING.*

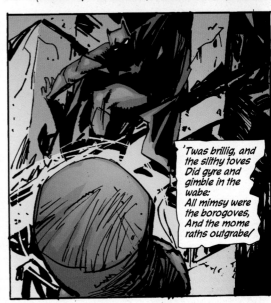

"Beware the Jabberwock, my son! The jaws that bite, the claws that catch. Beware the Jubjub bird, and shun the frumious Bandersnatch!"

He took his vorpal sword in hand: Long time the manxome foe he sought--So rested he by the Tumtum tree, And stood awhile in thought.

And, as in uffish thought he stood, The Jabberwock, with eyes of flame, Came whiffling through the tulgey wood, And burbled as it came!

One, two! One, two! And through and through The vorpal blade went snicker-snack! He left it dead, and with its head He went galumphing back.

"And, has thou slain the Jabberwock? Come to my arms, my beamish boy! O frabjous day! Callooh! Callay!" He chortled in his joy.

'Twas brillig, and the slithy toves Did gyre and gimble in the wabe; All mimsy were the borogoves, And the mome raths outgrabe.

~HHH!~

This is all wrong.

He's not **supposed** to find me here. He's not **supposed** to end **my** story.

It's **supposed** to be about a girl named **Alice**. And it's **supposed** to be about **me**. Not about hats.

Not about tea.

THE END

HELLO. *JOKER* HERE.

WELCOME TO ANOTHER UNTOLD TALE FROM THE ASYLUM.

NOW THIS ONE IS A LITTLE *SPECIAL* TO ME. YOU SEE, IT'S ABOUT MY GAL PAL AND SOMETIMES GIRLFRIEND, *HARLEY QUINN.*

AND JUST FOR THE RECORD, LADIES, THIS DASHING BACHELOR IS *SINGLE* AT THE MOMENT!

BUT BEFORE WE GET STARTED, YOU'RE PROBABLY WONDERING WHY I'M HOLDING THIS INNOCENT LITTLE *PUPPY.*

AND I'LL TELL YOU-- BUT ONLY AFTER THE STORY CONCLUDES.

SO SIT BACK, PUT ON YOUR READING GLASSES, AND I'LL SEE YOU SOON.

YOU'RE AN UGLY LITTLE MUTT.

CRACK

LIGHT THE CANDLES AND BRING OUT THE ROSE PETALS! I'M HOME, BABY, AND THE REST OF THE NIGHT IS OURS!

PUDDIN'?

HE'S GONE, HARLEY.

SPIDER? WHAT DO YOU MEAN *"HE'S GONE"*?

IT WAS *FALCONE'S GUYS.* THEY CAME OUT OF NOWHERE. BROKE IN, STARTED SHOOTING UP THE PLACE, PUT A BAG OVER JOKER'S HEAD AND THEN TOOK HIM.

AND FALCONE DECIDED TO DO THIS... *TODAY?*

I KNOW YOU'RE UPSET.

NAH. I'M NOT UPSET. HOW COULD ANYONE BE UPSET ON A DAY LIKE *THIS?* THINGS HAVE JUST BEEN...POSTPONED.

NOW, SPIDER, MY STUFF IS STILL HERE, RIGHT?

YEAH. BUT I CAN DO YOU EVEN *BETTER* THAN THAT.

WHOA.

WHERE DID THE NEW LITTER OF KITTENS COME FROM?

JOKER'S BEEN RUNNING GUNS THE LAST COUPLE MONTHS. HE DOESN'T LIKE IT, BUT IT'S PAID FOR SOME OF HIS MORE...ECCENTRIC STUFF.

RATATATAT

HOW'S IT LOOK ON ME?

IT'S YOUR COLOR.

AWESOME. NOW SPIDER, I NEED ONE MORE THING FROM YOU.

MERCENARIES?

CHOCOLATES. A BOX OF ASSORTED. TEN TURTLES, SIX ALMOND, AND FOUR LEMON GANACHE. THEY'RE MR. J'S FAVORITE.

OH, AND, SPIDER, YOU NEVER DID MENTION WHY FALCONE TOOK HIM...

GOOD EVENING, AND WELCOME TO THE RAFFLE!

YOU'RE ALL HERE BECAUSE THE JOKER, IN ONE WAY OR ANOTHER, HAS AFFECTED YOU. COST YOU MONEY, EMBARRASSED YOU, OR HURT YOU.

YOU'RE HERE BECAUSE TONIGHT I OFFER YOU THE CHANCE TO *GET EVEN.* TO BUY ONE OF THESE LITTLE BALLS--EACH AT THE COST OF *$100,000.*

IF YOUR BALL IS SELECTED, YOU'LL RECEIVE THE JOKER WRAPPED IN A BOW TO DO WITH *WHAT YOU WILL.*

SHOOT HIM IN THE HEAD, STUFF HIM IN YOUR LOBBY, MAKE HIM YOUR POOL BOY--IT'S. UP. TO. YOU.

WHO WANTS IN?

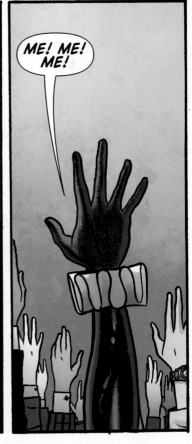

ME! ME! ME!

CLA-CHIC CLA-CHIC CLA-CHIC

HARLEY QUINN. IF I'D KNOWN *YOU* WERE COMING I'D HAVE MADE SURE WE HAD KOOL-AID AND COLORING BOOKS.

I'M RUBBER, YOU'RE GLUE, WHATEVER YOU SAY BOUNCES OFF ME AND MAKES A SIX-INCH-DIAMETER *EXIT WOUND* IN YOU.

GOD I HATE YOU. HATE *ALL* OF YOU COSTUMED TYPES. FROM THE FIRST TIME I SAW ONE OF YOU, I'LL NEVER FORGET--

BLAH, BLAH, *BLAH,* EXPOSITION, EXPOSITION. JUST HAND OVER JOKER, PLEASE.

AND WHAT ARE YOU GOING TO DO IF I SAY *NO?* HIT ME OVER THE HEAD WITH A GIANT MALLET?

BAM

HARLEY?

SPIDER.

HOW'S IT GOIN' THERE?

PRETTY GOOD.

YOU GET THE CHOCOLATES?

YEAH. TEN TURTLES, SIX ALMOND, BUT THEY DIDN'T HAVE THE LEMON GANACHE SO I SUBSTITUTED FOUR CHERRIES INSTEAD.

NO NO NO! HE *HATES* THE CHERRIES! YOU HAVE TO FIND A PLACE THAT HAS LEMON GANACHE.

ALL RIGHT. BUT I'M LOSING A LOT OF BLOOD AND--

LEMON GANACHE!

OKAY. OKAY. BUT HARLEY, YOU REALIZE HOW LATE IT'S GETTING, RIGHT?

YEAH, SPIDER. I KNOW.

BAM
BAM

BAM BAM

CLICK CLICK CLICK

WELL, WELL, IT *IS* HARLEY QUINN. BUT YOU AIN'T YOURSELF TODAY, *ARE* YA? AIN'T PLAYIN' BY THE RULES.

THE *RULES?*

I GOTTA RULE. A NEW ONE. AND IF YOU LIVE THROUGH THIS YOU'RE GOING TO TELL *EVERYONE* ABOUT IT.

NOBODY TOUCHES JOKER ON VALENTINE'S DAY. NOBODY EXCEPT *ME.*

AND WHAT'S GOING TO HAPPEN IF I *DO?* YOU GONNA SPRAY ME WITH ACID OUT OF A FLOWER?

SQUIRT

SSSSSS

SSSSS

ARGHHHH!

FINALLY! SOMEBODY GOT IT RIGHT.

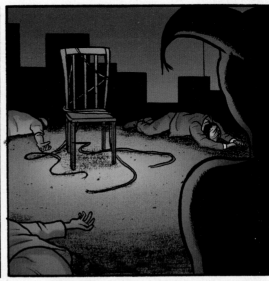

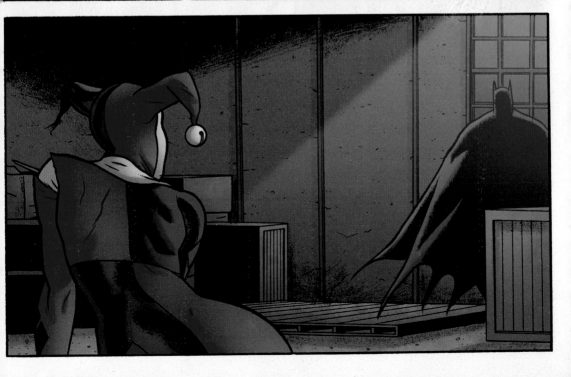

END

ARKHAM ASYLUM. INCURABLE WARD. 4AM.

COBBLEPOT OSWALD

ISLEY PAMELA

CRANE JONATHAN

DENT HARVEY

AHH, THE DEAD OF NIGHT. THE DARK BEFORE THE DAWN.

EVERYONE SNUG IN THEIR BEDS.

SO QUIET. SO PEACEFUL.

I HATE IT!

YOU DAMN CLOWN, I SWEAR--

THIS IS THE FOURTH TIME TONIGHT--

IT ISN'T FUNNY, YOU TWISTED PSYCHO--

KEEP IT DOWN, FREAK!

HAHAHAHAHA

TORMENT. MY FAVORITE EMOTION.

REMINDS ME OF A STORY.

AND YOU ARE HERE FOR A STORY, AREN'T YOU?

THIS ONE IS OLD. FROM A TIME BEFORE THE RIDDLER WAS A "REFORMED MAN." A TIME WHEN OL' EDDIE NIGMA WAS IN LOVE. AND NOT JUST WITH HIMSELF.

BUT THIS ONE IS NOT SOME VOMIT-INDUCING LOVE STORY.

THIS IS SO MUCH MORE.

PAY ATTENTION, BECAUSE THIS IS A PUZZLE. A PUZZLE FULL OF TORMENT...

OH, YOU'RE GOING TO LOOK FANTASTIC ON MY--

WHAT DO YOU THINK YOU'RE DOING?

"WHEN OL' EDDIE TURNED, HE DIDN'T SEE JUST *ANY* WOMAN. NO, HE SAW--"

ALBERT CLUBB GALLERY

"--THE QUEEN OF HEARTS."

HELLO?

"SHE WAS BEAUTIFUL. I'LL GIVE HIM THAT. BUT TO BE SMITTEN WITH SOMEONE WHO ISN'T *ME*?"

"THE VERY IDEA OF IT MAKES ME WANT TO STRANGLE CHILDREN."

"THEN AGAIN, WHAT DOESN'T?"

DID YOU *HEAR* ME?

"CAN YOU BELIEVE IT? THE RIDDLER WAS SPEECHLESS. THE *RIDDLER*."

"THE GUY WHO COULDN'T KEEP HIS MOUTH SHUT LONG ENOUGH TO COMMIT A CRIME WITHOUT GIVING A CLUE TO THE BAT."

I SAID, WHAT DO YOU THINK YOU'RE DOING?

I BELIEVE I'M STANDING IN FRONT OF HELEN OF TROY.

I MEAN WITH THE PAINTING. YOU'RE STEALING IT.

"STEALING" IS SUCH AN UNPLEASANT WORD. I PREFER "ACQUIRING." IT'S MUCH MORE AESTHETICALLY PLEASING TO THE TONGUE.

BUT WHERE ARE MY MANNERS? THE NAME IS EDWARD NIGMA.

I KNOW WHO YOU ARE. YOU'RE THE RIDDLER.

HEY, NO ONE TALKS TO THE BOSS--

UNHAND HER!

MY DEEPEST APOLOGIES. SOMETIMES THE HELP CAN BE RATHER...UNHELPFUL.

DID HE HURT YOU?

I'M--I'M ALL RIGHT.

NOW, WHERE WERE WE? OH YES, I WAS INTRODUCING MYSEL--

DAMN. IT LOOKS LIKE WE'LL HAVE TO FINISH THIS CONVERSATION ANOTHER TIME.

UNFORTUNATELY, WE'RE ABOUT TO BE RUDELY INTERUP--

GOT ANY OTHER RIDDLES FOR ME TO SOLVE?

ACTUALLY, I DO.

WHEN IS A QUESTION MARK A *BOMB?*

CLICK

RUN!

"THE RIDDLER SHOULD'VE BEEN THINKING ABOUT HOW LUCKY HE WAS. HE HAD ESCAPED BATMAN. AND HE'D MANAGED TO ACQUIRE A PIECE OF 'ART.'"

"BEST OF ALL, THE BAT MADE SURE HE WOULDN'T HAVE TO PAY HIS HENCHMEN!"

"BUT EDDIE WASN'T THINKING ABOUT ANY OF THAT."

"HE WAS THINKING ABOUT *HER.*"

Jessica Duchamp, a student in the Fine Arts program at Gotham University, survived her encounter with the Riddler.

"HE WAS CAPTIVATED BY HER. ENCHANTED. *MESMERIZED.*"

"..."

"...OTHER WORDS THAT MEAN THE SAME THING."

"HE SENT HER ENOUGH FLOWERS TO MAKE POISON IVY WEEP."

6

"HE SENT CHOCOLATES BY THE TRUCKLOAD."

"HE THOUGHT HE HAD THE ANSWER."

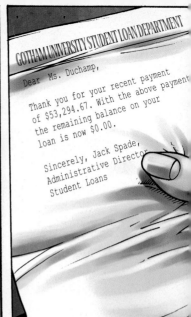

GOTHAM UNIVERSITY STUDENT LOAN DEPARTMENT

Dear Ms. Duchamp,

Thank you for your recent payment of $53,294.67. With the above payment the remaining balance on your loan is now $0.00.

Sincerely, Jack Spade, Administrative Director Student Loans

"HE THOUGHT HE'D SOLVED THE RIDDLE."

KNOCK KNOCK

HELLO, JESSICA.

DID *YOU* DO THIS? DID YOU PAY OFF MY LOAN?

YES. I DID.

"THIS IS WHAT *THOUGHT* WOULD HAPPEN."

OH, EDWARD! THANK YO SO MUCH! HOW COULD HAVE BEEN SO *STUPID* T HAVE REJECTED YOUR GIFTS BEFORE? I LOVE YOU, EDWARD! *I LOVE YOU!*

"AND THIS IS WHAT *ACTUALLY* HAPPENED."

--YOU THINK YOU CAN JUST *BUY* ME, LIKE SOME KIND OF *PROSTITUTE?!* HOW *DARE* YOU! I'M NOT FOR *SALE*, YOU CREEP! YOU'RE A CRIMINAL, AND I WOULD NEVER, *EVER*--

"SHE WENT O LIKE THAT FO SOME TIME."

"IT WAS FINALLY CLEAR THAT THERE WAS NOTHING HE COULD SAY, NO GRAND GESTURE THAT WOULD MAKE HER LOVE HIM.

"HE DIDN'T TAKE IT WELL."

"HE'D BEEN WILLING TO DO *ANYTHING* FOR HER.

"IN RETURN, SHE HAD RIPPED OUT HIS HEART AND STOMPED ON IT."

"HE WAS AN INFAMOUS CRIMINAL MASTERMIND, KNOWN THROUGHOUT THE WORLD.

"ONE OF *BATMAN'S* OLDEST ENEMIES.

ROYAL CLUB OF SCOTLAND
8 YEARS OLD

AND HE WAS REDUCED TO DRINKING SCOTCH FROM A *BABY BOTTLE.*

KNOCK KNOCK

"HE RUSHED TO THE DOOR, THINKING IT MIGHT BE HER, BACK TO TELL HIM THAT SHE WAS SORRY, THAT SHE HAD MADE A *HUGE MISTAKE*--"

OH. IT'S YOU. WHAT DO YOU WANT?

I SAW YOU LEAVING THE MUSEUM.

I HAVE A PROPOSITION FOR YOU.

WHAT?

I DON'T WANT YOU TO KNOW WHO CAME TO HIS DOOR. NOT YET.

IT'LL RUIN THE FUN.

WHAT? YOU DON'T LIKE IT?

WELL IT'S MY STORY, AND I'LL TELL IT THE WAY I WANT!

YOU UGLY, STUPID, POOR EXCUSE FOR--

REALLY, JOKER, THIS IS GETTING RATHER TIRESOME.

DO YOU EVER SLEEP?

HAHAHAHAHAH

OH, HOW SILLY OF ME. I COMPLETELY FORGOT TO MENTION SOMETHING EARLIER.

MUST'VE SLIPPED MY MIND.

BUT IT IS RATHER IMPORTANT.

THIS STORY ISN'T JUST ABOUT OL' EDDIE NIGMA.

NO, THIS STORY IS ALSO ABOUT THE VISITOR WHO CAME TO SEE THE RIDDLER THAT NIGHT.

MAY I COME IN?

NO--

...COME RIGHT ON IN, THEN.

I WANT YOU TO HELP ME SET A TRAP FOR BATMAN.

NOT INTERESTED.

I'M SORRY, I BELIEVE I JUST HEARD YOU SAY YOU WEREN'T INTERESTED IN KILLING BATMAN.

THAT'S RIGHT. NOT INTERESTED.

BUT HE'S BEEN YOUR MORTAL ENEMY FOR YOUR ENTIRE CAREER, PUDDIN'!

NOT INTERESTED.

"THERE WAS SIMPLY NO REASONING WITH HIM."

HOW ABOUT I SNAP YOUR NECK INSTEAD?

THAT A PROMISE?

"LOOK AT HIM! WALLOWING IN HIS MISERY."

THANKS FOR STOPPING IN.

"HOW PATHETIC."

"HE FLUCTUATED BETWEEN NOT MOVING FROM A SINGLE SPOT FOR DAYS AT A TIME--"

"--TO VIOLENT FITS OF RAGE AT HER, AT LIFE, AT THE UNIVERSE.

"HE WAS, IN OTHER WORDS, GOING *SPLENDIDLY INSANE!*

"(MORE SO THAN NORMAL.)

"SHE WAS A RIDDLE. A RIDDLE HE *COULDN'T SOLVE.*

"BUT UNLIKE THE FUTURE, THIS RIDDLE *WAS* SOLVABLE.

"AND IT WAS SLOW DESTROYING HIM

"THERE WAS *SOMEONE* OUT THERE. SOMEONE IN THE WIDE, WIDE WORLD--

"--WHO SHE WOULD FALL IN LOVE WITH.

"THEN IT HIT HIM."

I HAVE TO BECOME THAT MAN.

"UNDER AN ASSUMED NAME, HE VISITED HER HOMETOWN."

"HE BEFRIENDED HER FATHER."

"VISITED HER CHILDHOOD HOME."

10 SHOVEL LANE

"AND FINALLY REACHED THE END POINT OF HIS PILGRIMAGE: THE ROOM JESSICA GREW UP IN."

"HE FOUND PICTURES OF THE PEOPLE IN JESSICA'S LIFE. PEOPLE SHE HAD LOVED."

"HE DESPERATELY WANTED TO BE *ONE* OF THEM."

"HE TRACKED THEM DOWN, IN HOPES OF LEARNING HOW TO BE A MAN JESSICA COULD LOVE."

"ONE WAS A WRITER."

--I'M WRITING A NOVEL CALLED "FOUR-LEAF CLOVER." IT'S ABOUT OUR POST-MODERN NEED TO FEMINIZE OUR MASCULINITY--

"(WHATT... LOSER.)

"ONE HAD BEEN KILLED ON A TRIP TO THE CONGO."

ADAM "ACE" MARTS

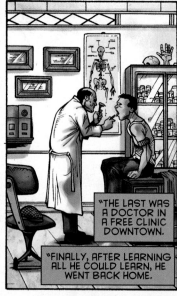

"THE LAST WAS A DOCTOR IN A FREE CLINIC DOWNTOWN."

"FINALLY, AFTER LEARNING ALL HE COULD LEARN, HE WENT BACK HOME."

"AND HE WENT ABOUT TRANSFORMING HIMSELF."

SPADE PUBLISHING SPADE PUBLISHING SPADE PUBLISHING SPADE PUBLISHING SPADE PUBLISHING SPADE PUBLISHING SPADE PUBLISHING SPADE PUBLISHING

"NOW, HE'D [R]EAD OR HEARD [A]LL OF THESE [TH]INGS BEFORE.

"HE PRIDED HIMSELF ON BEING A LEARNED MAN, AFTER ALL.

"BUT THIS TIME AROUND, HE ATTEMPTED TO EXPERIENCE IT THE WAY JESSICA HAD.

"IT WAS WORKING.

"THE CHANGE IN HIM BEGAN BUILDING--THE EXPERIENCES LIKE NEW WALLS GOING UP IN PLACE OF OLD ONES.

"AND ONE DAY HE LOOKED UP--

"--AND THOSE WALLS HAD BUILT A *NEW HOUSE.*"

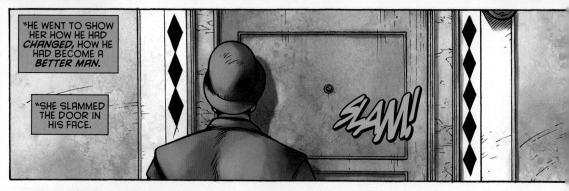

"IN RIDDLER'S MIND, ONE THING WAS UNDENIABLE: HIS LIFE OF CRIME WAS *OVER*."

--AND WITHOUT YOU, THE PLAN SIMPLY DOESN'T WORK.

I TOLD YOU LAST TIME I WASN'T INTERESTED. I'M STILL NOT.

I'M DISAPPOINTED IN YOU, RIDDLER.

"AND IT WAS ALL IN THE NAME OF A WOMAN."

IF *YOU'RE* DISAPPOINTED, THEN I MUST BE DOING SOMETHING RIGHT.

IS THAT SO?

"RIDDLER HAD MADE HIS VISITOR MAD.

"*VERY* MAD.

"AND THEY AREN'T SOMEONE YOU WANT TO MAKE MAD."

DAD? WHAT ARE YOU DOING--

"OL' EDDIE NIGMA DIDN'T REALIZE HOW *EASY* IT REALLY WAS."

HELLO, JESSICA.

"IF YOU WANT TO GET YOUR FOOT IN THE DOOR--

"--ALL YOU HAVE TO DO IS THREATEN A PARENT."

...AND IF HE FINDS OUT YOU'RE LYING, THAT YOU'RE FAKING, YOUR FATHER *DIES*.

DO YOU UNDERSTAND?

"SHE WENT TO EDDIE. SHE TOLD HIM WHAT HE WANTED TO HEAR.

"SHE TOLD HIM SHE'D BEEN A FOOL. THAT SHE *DID* LOVE HIM, AFTER ALL."

"THE HILARIOUS PART? THE RIDDLER BOUGHT IT.

"BECAUSE IT WAS WHAT HE *WANTED* TO HEAR.

"IT WAS THE HAPPIEST MOMENT OF HIS LIFE.

"HE'D *SOLVED* THE RIDDLE!

"SHE WAS HIS.

"...THEN *REALITY* SET IN.

"AND REALITY...WELL, IT'S HARDLY EVER HOW WE THOUGHT IT WOULD BE.

"(NOW LISTEN CLOSE, BECAUSE THIS IS MY *FAVORITE* PART.)

"THE REALITY WAS THAT ONCE HE HAD HER...

"...ONCE THE RIDDLE WAS SOLVED AND HE'D HAVE TO *LIVE* WITH THE ANSWER...

"...IT WASN'T MUCH OF AN ANSWER ANYMORE!"

"HA HA HA HA HA!

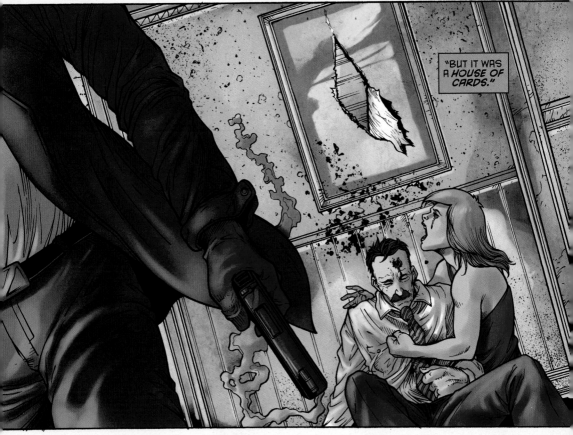

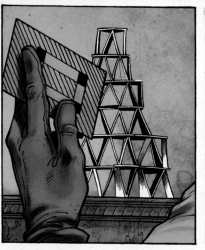

WHAT?

THAT'S THE END OF THE STORY. GO AWAY NOW.

OH, YOU WANT ME TO TELL YOU WHO THAT *VISITOR* WAS, DON'T YOU? YOU WANT TO KNOW WHO SET UP THE RIDDLER.

LET ME THINK ABOUT IT.

NAH.

BESIDES, I ALREADY *TOLD* YOU THE ANSWER.

A RIDDLE IN A STORY ABOUT THE RIDDLER.

HOW DELIGHTFULLY APPROPRIATE.

NOW DON'T BE LAZY. GO FIGURE IT OUT.

OR DON'T. I REALLY DON'T CARE.

NOW, IF YOU'LL EXCUSE ME, I THINK IT'S JUST ABOUT TIME EVERYONE HERE--

WOKE UP!

I SWEAR I WILL SLIT YOUR STUPID, UGLY CLOWN THROAT--

I'M GOING TO REMEMBER THIS, JOKER!

HAHAHAHAHAHAHA

END

8

DAY 30.

SO HE REALLY WENT THROUGH WITH IT?

COME ON IN, THEN.

I'M GOING TO TAKE A SHOWER IF THAT'S OKAY WITH YOU.

HOW DOES IT FEEL BEING LEFT AS A BABYSITTER?

DAY 31.

I HAD A CLOSE FRIEND...BEFORE EDGAR AND I WERE MARRIED. SOMEONE WHO I CARED ABOUT VERY DEEPLY.

EDGAR DIDN'T LIKE IT. HE BEAT THE GUY RIGHT IN FRONT OF ME.

I WAS YOUNG... I THOUGHT IT MEANT HE REALLY LOVED ME.

BUT NOW I WONDER WHAT IT MEANS.

DAY 32.

YOU'RE THE CLOSEST THING I HAVE TO FAMILY NOW WITH EDGAR ACTING LIKE THIS.

DAY 33.

HE'S TRAPPING ME HERE. HE WANTS TO KEEP ME IN THIS PRISON... THIS CAGE...LIKE HIS PERFECT PET.

AND HE'S *USING YOU* TO DO IT. IT'S HORRIBLE.

DAY 34.

YOU'RE A GOOD MAN, WAYLON. THANK YOU FOR LETTING ME OUT.

I'M SCARED FOR US BOTH NOW.

WE NEED TO GET OUT OF HERE BEFORE ANYONE FINDS OUT!

BUT FIRST, WE NEED HIS *MONEY*. THE SAFE...I DON'T KNOW THE COMBINATION. DID EDGAR TELL--

GRUUNNCCH!

THANK YOU, WAYLON. YOU'VE BEEN VERY SWEET TO ME.

YEAH. THANKS.

BOOM!

I CAN'T BELIEVE YOU ACTUALLY GOT THE DUMB FREAK TO--

SHUT UP, TOMMY! KEEP *SHOOTING* HIM! I TOLD YOU THAT!

RAHH!

ENI

THAT'S WHAT ALWAYS TOLD MYSELF.

TO BECOME A DIFFERENT CHARACTER EACH NIGHT...

ONE FOR "THE TERROR."

AND GO BACK TO BEING WHO I WAS BY DAY.

YOU'RE NOT OLD ENOUGH, KID.

C'MON! IT'S JUST A SCHLOCKY OLD HORROR MOVIE, THE KIND WHERE THE AUDIENCE *TALKS ALONG* WITH IT.

SCHLOCKY, HUH?

YEAH. ALTHOUGH PERSONALLY I LIKE MY HORROR MORE *REALISTIC*.

I GUESS I GOT MY WISH...

GLAD TO HEAR THAT.

ONLY THERE'S NO GOING BACK!

NO ONE LAUGHS AT MY WORK!

THE TER

NOW PLAY

I CHOSE THE STAGE NAME *BASIL KARLO,* HOPING PEOPLE WOULD *REMEMBER* IT.

SURE IT'S CORNY, BUT IT'S ALSO CATCHY.

TERROR

SEE IT
SEE I

APPARENTLY *CLAYFACE* IS CATCHIER.

Starring JOSEPH WILLIAMS
with BASIL KARLO

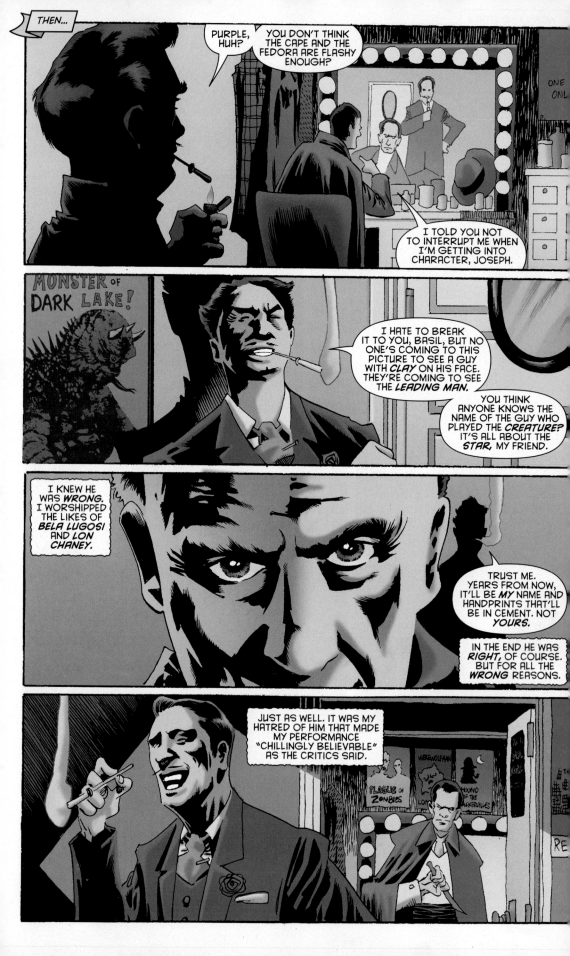

IT WOULD HAVE BEEN THE START OF AN ILLUSTRIOUS CAREER...

...IF I HADN'T BECOME A *REAL* MONSTER.

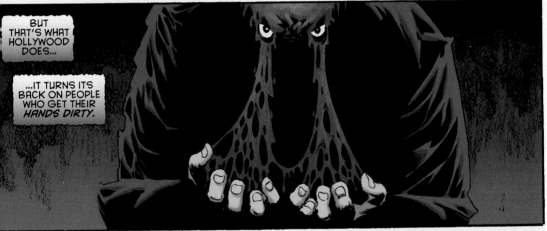

BUT THAT'S WHAT HOLLYWOOD DOES...

...IT TURNS ITS BACK ON PEOPLE WHO GET THEIR *HANDS DIRTY.*

WHAT THE HECK HAPPENED OUT HERE? WHAT'S WITH ALL THE--HOLY COW! YOU LOOK JUST LIKE *JOSEPH WILLIAMS,* THE STAR OF *THE TERROR.*

THE STAR OF *THE TERROR* IS *NOT* JOSEPH WILLIAMS...

...IT'S *CLAYFACE!*

CHAPTER THREE

EH. EH. EH. EH.

LET ME TELL YOU WHAT YOU *DIDN'T* THINK ABOUT.

YOUR LUNGS FILLING WITH SO MUCH CLAY THAT THEY EXPAND PAST YOUR RIB CAGE, SHATTERING THEM INTO A MILLION LITTLE SHARDS.

AND THOUGH YOU WANT TO SCREAM, YOUR THROAT IS CAKED WITH SO MUCH DIRT THAT IT RENDERS YOUR GAG REFLEXES USELESS.

AND WHILE YOU TRY NOT TO VISUALIZE IT AS IT'S HAPPENING, YOUR BRAIN FREEZES ON THAT VERY IMAGE, NUMBED BY THE COLD RUSH OF MUD THAT WASHES OVER IT ON ITS WAY THROUGH YOUR EARS AND OUT YOUR NOSE.

HOW DOES *THAT* SOUND?

DO IT.

THREE WEEKS LATER.

CHAPTER FOUR

WHAT'S THE SITUATION, COMMISSIONER?

AN INORDINATE NUMBER OF TEENS HAVE GONE *MISSING* OVER THE PAST THREE WEEKS.

NOW PLAYING

The TERROR

Starring JOSEPH WILLIAMS with BASIL KARLO

COMING SOON

THE PIT AND PE

THE CONNECTION SEEMS TO BE THIS MOVIE.

STARRING BASIL KARLO.

EXACTLY.

I'LL SHUT THE THEATRE DOWN. PUT AN A.P.B. OUT ON CLAYFACE.

I'VE GOT A BAD FEELING ABOUT THIS ONE, COMMISH. LIKE THINGS JUST GOT A WHOLE LOT *DARKER.*

TRUST ME, SERGEANT. THAT DARKNESS MAY BE THE ONLY THING WE'VE GOT GOING FOR US.

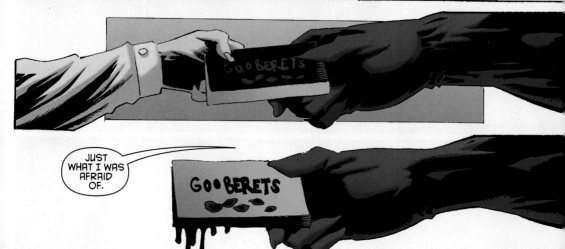

CHAPTER SIX

LOOKS LIKE I HAVE TOO MANY *FANS*, BATMAN. AND WE BOTH KNOW YOU WON'T HURT *THEM* JUST TO GET TO *ME*.

SO I'LL TAKE THIS TIME TO MAKE MY EXIT.

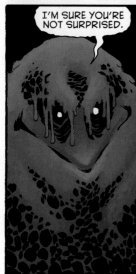

I'M SURE YOU'RE NOT SURPRISED.

WE *CELEBRITIES* ARE ALL ALIKE. STRIVING TO STAND OUT.

YET NEVER WANTING TO LOSE THE CONVENIENCE...

...OF BEING JUST ANOTHER *FACE* IN THE *CROWD*.

HAHAHAHAHA

IT'S ALL VERY SAD, REALLY. WHAT COULD POSSIBLY BE *MISSING* FROM THESE KIDS' LIVES THAT THEY'D SEEK OUT SUCH A GHASTLY FAD?

A SENSE OF IDENTITY.

LOOKS LIKE *BASIL* LEFT HIS MARK ON THIS THEATRE AFTER ALL.

IN MORE WAYS THAN ONE.

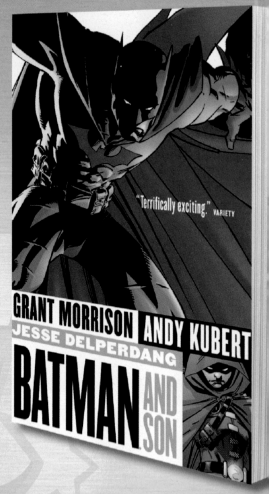
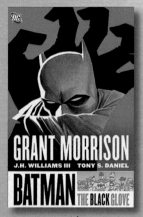

MORE CLASSIC TALES OF THE DARK KNIGHT

BATMAN: HUSH

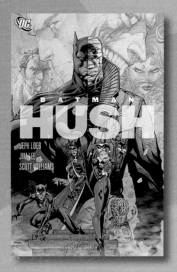

**JEPH LOEB
JIM LEE**

BATMAN: UNDER THE HOOD
VOLS. 1 & 2

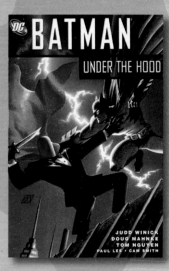

**JUDD WINICK
DOUG MAHNKE**

BATMAN:
THE LONG HALLOWEEN

**JEPH LOEB
TIM SALE**

BATMAN:
DARK VICTORY

**JEPH LOEB
TIM SALE**

BATMAN:
HAUNTED KNIGHT

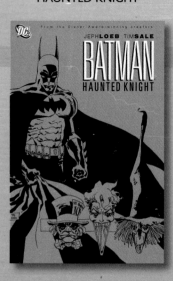

**JEPH LOEB
TIM SALE**

BATMAN:
YEAR 100

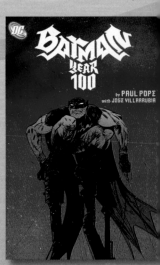

PAUL POPE